파워 파크골프

- 파크골프의 입문에서 실전까지 완벽 가이드 -

백석기 저

도서출판 진영사

머리말

현대사회는 대중 여가 시대로 변화되면서 일에 대한 가치관과 여가에 대한 인식이 현대인의 삶의 방식을 바꾸고 있다. 이러한 사회현상으로 다양한 형태의 여가문화가 생겨나고 여가 관련 상품과 레포츠가 개발되면서 현대인들의 여가소비에 의한 경제적 효과도 지대하다고 할 수 있겠다. 국민소득과 여가 시간의 증대로 인하여 나타나는 다양한 형태의 여가산업의 변화는 고용 창출은 물론 소비지출로 인한 경제적인 효과, 게임, 스포츠, 외식, 관광 등 다양한 산업의 발달로 연계되어 국민의 여가생활 확대와 더불어 삶의 질이 높아질 것으로 본다. 이러한 여가 활용을 위한 레저스포츠는 다양한 가치와 사회적 기능을 내포하고 있으며, 사람의 한계에 대한 무한도전이라고 볼 수 있다. 이러한 측면에서 볼 때 파크골프는 1998년 우리나라로 도입된 이래 전국적으로 열풍을 일으키고 있으며, 각 지방자치단체들과 파크골프 동호인들은 파크골프장을 더 크게, 더 많게 만들기 위해 경쟁하고 있다.

파크골프는 대중화와 더불어 골퍼들의 수준과 파크골프를 보는 안목이 매우 높아지고 있다. 따라서, 이러한 시대적 변화에 맞는 더욱 전문적이고 체계적이며 종합적인 내용을 담은 서적의 필요성이 대두되고 있습니다. 이러게 변화하는 파크골프 산업을 감안하여 파크골프를 재정립하고 파크골프를 처음 접하는 학생들에게 좀 더 쉽게 접근하고 이해할 수 있도록 집필하였다.

이 책은 파크골프와 관련된 이론을 중심으로 총 4장으로 구성하였다.

제1장은 파크골프의 이해로 파크골프의 개념, 파크골프의 스윙 등을 다루었으며, 제2장은 파크골프의 용구 및 시설로 파크골프에 사용되는 용구와 시설 등을 설명하였다. 제3장은 파크골프의 경기 및 규칙으로 파크골프의 경기방식, 파크골프의 경기, 파크골프의 규칙에 대하여 설명하였다. 제4장은 예상문제와 기출문제로 파크골프 지도자 자격증 대비하여 예상문제와 기출문제를 수록하여 지도자 자격증에 대비하도록 하였다.

부록으로는 전국의 파크골프장을 수록하였다.

향후 부족한 부분과 실전에 도움을 줄 수 있도록 실기 위주의 서가 될 수 있도록 수정·보완해 가도록 하겠습니다.

끝으로 저에게 항상 힘이 되어준 가족들과 집필에 도움을 주신 모든 분들에게 감사를 드리며, 특히 판테온 배강모 대표님, 파크-프로의 백승찬 대표님에게 감사드립니다.

2025년 1월

저자 **백석기**

• 목 차 •

제1장 파크골프의 이해

제2장 파크골프의 용구 및 시설

제3장 파크골프의 경기 및 규칙

제4장 파크골프지도사 필기시험

부 록

제1장
파크골프의 이해

제1절 파크골프의 개념

1. 파크골프의 의의

1) 파크골프란?

최근 들어 골프가 많이 대중화 되었다고는 하지만 다른 체육활동에 비해 여전히 많은 비용과 시간이 요구되는 운동이라, 마음 편히 시작할만한 운동은 아니다.

한 번 씩 연습장을 벗어나 필드에서 제대로 즐겨보려면 그린피와 캐디비 등 비용도 비용이지만 18홀을 기준으로 5시간에 가까운 시간이 소요되고, 대략 6km에 달하는 거리를 걷는 다는 것이 여성이나 고령자들에겐 과도한 체력적 부담이 되기도 한다.

그래서인지 몇 년 전부터 눈에 띄게 동호인의 수가 늘어나고 있는 생활스포츠가 있다.

골프의 재미를 어느 정도 유지하면서 낮은 진입장벽과 가벼운 체력 부담으로 여성과 고령자들은 물론 젊은 층에서도 많이 즐기고 있다는 'Park Golf 파크골프'가 바로 그것이다.

파크골프란 말 그대로 공원(park)과 골프(golf)의 합성어로 '공원에서 가볍게 즐길 수 있는 골프'를 말한다.

park : --- 공원에서
G : green --- 푸른초원 위에
O : ozone --- 맑은 공기와 더불어
L : light --- 밝은 햇빛을 받으며
F : friend --- 친구와 담소하면서 즐기는운동
Park + golf -- 공원 + 골프 = 파크골프

2) 파크골프 홀의 구성 및 재원

(1) 홀 구성

파크골프 홀 구성 및 제원

구 분	총 길이	총 면적	Par3	Par4	Par5	기준타수
9홀 기준	500~790m	8,250㎡	4	4	1	33
18홀 기준	1,000~1,580m	16,500㎡	8	8	2	66

※ 파크골프와 일반 골프의 차이점이 홀 구성이다. 파크골프는 9홀 기준 33타가 기본이지만 골프의 경우 9홀 기준 36타가 기본으로 파크골프는 18홀 기준 66타, 골프는 72타 되는 것이다.

파크골프 코스별 깃발 색깔

코스	A코스	B코스	C코스	D코스
색깔	적색	청색	황색	백색

※ 보통 36홀을 기준으로 색깔이 구분되어 있으며, 36홀 이상인 E, F, G, H 코스가 있다면 깃발 색깔은 적색부터 다시 시작한다.

(2) 제원 등(9홀 기준)

- Par3홀 : 40m~60m, 4개홀 × 3타(기준타수) : 12타
- Par4홀 : 60m~100m, 4개홀 × 4타(기준타수) : 16타
- Par5홀 : 100m~150m, 1개홀 × 5타(기준타수) : 5타

▶ 기준타수 : 9홀 33타, 18홀 66타가 된다.

▶ 9홀 기준 33타보다 아래 점수를 기록하면 언더파(Under par)
33타를 기록하면 이븐파(Even par)
33타 이상을 기록하면 오버파(Over par)이다.

2. 파크골프와 걷기

1) 적정한 걷기 운동

신체뿐만 아니라 정신 건강까지 좋게 하는 가장 쉬운 방법은 걷기 운동이다. 파크골프는 공원에서 공을 치면서 걷는 운동으로 하루에 어느 정도 걷는 것이 건강에 가장 좋으며 적정한가?

하루 1만 보 걷기가 건강에 좋다는 통념은 일본에서 유래한 미신에 가깝고 건강 유지를 위해 실제로 적정한 걷기는 그보다 적다고 뉴욕타임스(NYT)가 보도했다.

하루 만 보 걷기 목표는 일본 업체가 만든 '만보'에서 시작되었는데 만을 뜻하는 한자 '만(万)' 자가 사람의 걷는 모습과 유사한 점을 마케팅 전략으로 이용해 만 보를 홍보했을 뿐 과학적 의미는 없다고 한다.

뉴욕타임스는 걷기의 건강 증진 효과를 분석한 기존 연구들을 조사한 결과 하루 걷기의 최적점은 7천 보에서 8천 보라고 설명하고 있다.

또 일상생활에서 사람들이 보통 5천 보 정도를 걷기 때문에 따로 걷기 운동을 한다면 2천~3천 보 정도만 더 걸으면 된다고 한다.

하버드대 보건대학원의 2019년 논문에 따르면 하루 5천 보 이상 걷는 사람들의 조기사망 위험은 계속 줄어들었으나 걷기와 사망 위험 감소의 상관관계는 7천 500보에

서 정점을 찍었다.

7천 500보 이상, 1만 보를 걷는다고 해서 건강상 이익이 더 증가하진 않는다는 것이다.

미국 의학협회 저널 네트워크(JAMA Network)에 2020년 3월 게재된 논문에는 하루 1만 보는 장수의 조건이 아니며, 8천 보 정도 걷는 사람이 4천 보를 걷는 사람보다 조기사망 위험이 절반으로 떨어진다는 결론이다.

NYT는 서구 국가에서 대다수 성인들의 하루 걷기 량이 5천 보 미만이라는 점을 고려하며 1만 보 목표가 오히려 걷는 의욕을 떨어뜨릴 수 있다고 지적하였다.

아이민리 하버드대 보건대학원 박사는 미국을 비롯한 다수 국가의 정부가 권고하는 육체 활동량이 하루 30분 정도이며 이를 걸음으로 환산하면 하루 2천~3천 보 정도라고 한다. 리 박사는 많은 이들이 쇼핑이나 집안일 등으로 매일 5천 보 정도를 걷기 때문에 하루 2천 ~ 3천 보 정도만 더 걸으면 최적점으로 여겨지는 하루 7천~8천 보를 걷는다고 한다.

파크골프의 기준 홀인 9홀을 마치면 2,000~2500 보정도 걷는데 7천~8천 보를 걷고자 한다면 하루 27홀 또는 36홀 정도로 운동하면 적정하다.

2) 걷기운동의 효과

가장 쉬운 방법으로 신체뿐만 아니라 정신 건강까지 좋게 하는 걷기 운동이다. 발에 맞는 편안한 운동화를 신고 매일 30분씩 활기차게 걷기만 하면 건강이 저절로 찾아온다. 걷기는 비용도 거의 들지 않는 운동이다.

'하버드 헬스 퍼블리싱', '폭스뉴스' 등에 따르면, 걷기를 통해 얻을 수 있는 건강상 이득은 다음과 같이 설명하고 있다.

① 면역력 증강

면역력을 키우기 때문에 걷기는 요즘 같은 시기에 꼭 필요한 묘약이다.

1000여 명의 남녀를 대상으로 연구한 결과에 따르면, 하루 20분씩, 일주일에 5일 이상 걷는 이들은 1일 이하로 걷는 이들에 비해 아픈 날이 43% 적었다. 혹시 병이 나더라도 빨리 나았으며, 증상도 가벼웠다.

② 기분 개선 효과

햇빛이 좋은 맑은 날이나 나무가 우거진 녹색공간을 규칙적인 걷기 운동은 신경계

활동에 영향을 미쳐 분노나 적개심 같은 감정을 누그러뜨리는데 도움이 된다는 연구 결과가 있다.

③ 심장질환과 뇌졸중 위험 감소 효과

꾸준히 걸으면 심장질환과 뇌졸중 위험이 30% 가량 감소한다는 연구 결과가 있다. 규칙적인 30분 걷기 운동은 몸에 좋은 콜레스테롤(HDL)을 증가시키고 몸에 나쁜 콜레스테롤(LDL)을 감소시킬 뿐만 아니라 혈압도 떨어뜨려 준다.

또한 미국당뇨학회(ADA)에 의하면 걷기는 칼로리를 소모시키고, 혈당 수치도 떨어뜨려 당뇨 위험률을 감소시킨다는 연구 결과가 있다. 걷기는 근육 손실을 막아 체중 조절을 돕고, 비만을 막는 데도 도움이 된다.

④ 체중조절과 비만을 막는 데도 도움

몸무게 60㎏인 사람이 하루 30분간 3.6㎞를 걸을 때 소모되는 열량은 150칼로리이다. 하지만 근육량 증가를 통해 기초 대사량이 늘어나기 때문에 체중 조절에 도움을 준다.

또한 걷기는 다리 근력 뿐 아니라 다양한 근력을 강화시키며, 근육 손실을 막아 체중 조절을 돕고, 비만을 막는 데도 도움이 된다.

⑤ 하지정맥류 예방

나이가 들수록 정맥의 탄력이 줄어 하지에 있는 정맥의 혈류가 역류하는 하지정맥류가 나타날 위험이 커진다. 그런데 걷기 운동을 하면 정맥류 발생을 예방하거나 그 시작 시점을 연기할 수 있다.

종아리와 발에 있는 정맥, 근육, 판막들로 형성된 정맥계는 혈액을 심장과 폐로 밀어 올리는데, 걷기 운동이 건강한 혈류의 흐름을 돕는다. 하지정맥류 위험이 큰 사람들은 매일의 걷기 운동으로 그 시기를 늦추는 효과를 얻을 수 있다.

⑥ 우울증 완화

걷기 운동은 활력과 행복감을 가져온다. 걷기를 하면 혈액순환이 향상돼 몸속 세포 내 산소 공급이 증가되고, 근육과 관절의 긴장도 완화돼 활력이 늘어난다.

걷기 운동 효과는 엔도르핀 생성되어 우울증 치료에 많은 도움이 되며, 스트레스와 불안 감소에도 효과적이다.

⑦ 배변 개선

규칙적인 걷기 운동은 걷는 동안 복근을 비롯한 코어를 이용하면서 소화기관의 움직임을 자극하기 때문에 배변 활동을 개선하는 데 효과적이다.

⑧ 유방암 위험 감소

미국암학회에 따르면, 일주일에 7시간 이상을 걷는 여성은 3시간 이하로 걸은 여성에 비해 유방암에 걸릴 위험이 14%가 낮았다. 비만하거나 호르몬 치료를 받는 등 유방암 위험 인자를 갖춘 여성에게도 효과는 마찬가지였다.

⑨ 관절 통증 완화

관절에 통증이 있을 땐 무리한 운동을 하면 안 되지만 가벼운 걷기 운동은 관절의 가동성을 향상시키고 해당 부위의 혈류의 흐름을 개선하며 관절 주위의 근육을 강화해 관절 통증을 줄이는 데 오히려 도움이 된다. 단 과도한 운동은 역효과가 일어날 수 있으므로 의사와 상의해 적당한 걷기 운동의 강도와 시간을 정하도록 한다.

⑩ 골다공증 예방

야외에서 걸으면 뼈 건강에 필수적인 비타민D 생성이 늘어날 뿐만 아니라 골밀도가 증가해 골다공증을 예방하는 데 도움이 된다.

⑪ 치매 예방에 도움

걷기는 치매를 예방하는 데도 도움이 된다. 1주일간 10㎞ 정도를 걸으면 뇌의 용적이 줄어드는 위축과 기억력 소실을 방지하는 효과가 있다.

3. 파크골프의 역사

1) 최초발생지

파크골프의 역사는 그렇게 오래되진 않았다.

파크골프는 1983년 일본 홋가이도(북해도) 동부의 토카치시 '마크베츠'에서 처음 시작된 생활체육 운동이다. 파크골프라는 이름은 1986년 「마쿠베츠 마을 90년 기념사업 실행위원회」에서 '파크골프 챌린지 90'의 개최하면서 '마쿠베츠 파크골프협회'를 설립하면서 공식적으로 사용하게 된 명칭이다. 마쿠베츠 강가의 '진달래 코스'라는 7홀의 간이 구장이 세계 최초의 파크골프장이라 할 수 있고, 강변의 동네 공원에서 즐기는 골프라 하여 파크골프라고 명명하고 있다.

국제파크골프협회(IPGA)에서는 1987년 이후 파크골프의 총괄 조직으로써 파크골프의 보급을 제일의 목표로 룰의 정비와 매너의 정착에 노력하여 온 그 규정을 근원으로 하여 규정과 룰을 2004년 대한파크골프연맹(KPGF)이 공유하는 것에 양국 간 협약하고 한국에 도입, 룰과 규정집을 발행하여 전국에 보급하게 되었다.

현재는 일본 전역에 1300여 개의 파크골프장과 150만 여명이 파크골프를 즐기고 있으며 하와이, 중국, 북미, 남미, 호주, 동남아 등 세계 60개국에서 즐겨하는 스포츠가 되었다.

2) 우리나라에 도입 시기

우리나라에서는 1998년 경남 진주시의 노인복지회관인 '상락원'의 6홀 코스에서 처음 시작되었다.

본격적으로 국내에 보급되기 시작한 것은 2004년 '한강 여의도'에 9홀의 공식 한강 파크골프장이 조성되었다.

2024년 9월 현재에는 대한파크골프협회 등록회원 수가 약 16만 5천명에 이르며, 비등록 회원을 포함하면 약 25만명으로 추산하고 있다. 전국에 약 400여 곳 이상의 파크골프장이 설치되어 운영되고 있는 가운데, 2024년 6월 18일에 시행된 대통령령 제34575호의 '체육시설의 설치·이용에 관한 법률 시행령' 일부 개정령에 따라 20년 만에 체육시설로 인정받았다.

파크골프회원규모(인)

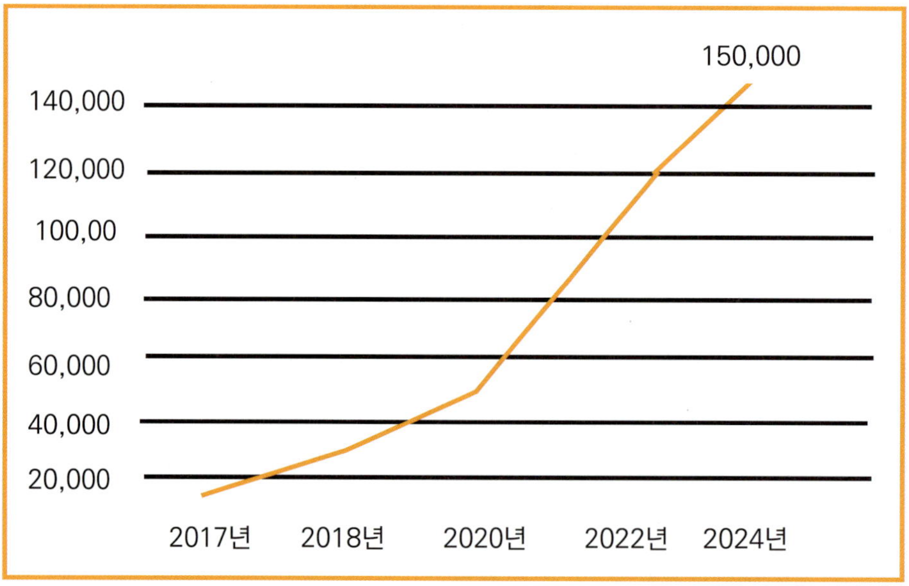

4. 파크골프와 골프의 차이점

구분	골프	파크골프
채	14개	1개
공	지름 : 42.67mm 무게 : 46g 특징 : 딤플 있음	지름 : 6cm 무게 : 85~90g 정도 재질 : 플라스틱 특징 : 딤플 없음
그린	골프장 : 90만 제곱미터 (20만 평 이상)	파크골프장 : 2만 제곱미터 (5천 평 이상)
기본타수	72타가 이븐 파3-4개, 파4-10개, 파5-4개	66타가 이븐 파3-8개, 파4-8개, 파5-2개
벌타	벌타는 해저드 1타, OB 2타	모든 벌타는 2타
비용	많이 든다.(20~30만원/회)	거의 없다.(5~10만원/년)
티	4~5cm 정도 플라스틱, 나무 재질	2.3cm 이하 고무 재질
경기시간	경기시간 : 4시간 ~ 5시간	경기시간 : 1시간30분~ 2시간
카트, 캐디피	有(유)	無(무)

5. 파크골프의 운동량과 효과

1) 파크골프의 운동량

파크골프는 형식적으로는 골프의 많은 부분을 그대로 사용하고 있으나, 운동의 강도 면에서 보면 게이트볼 보다는 훨씬 강하지만 골프나 양손라켓운동, 배드민턴 등 여타의 도구를 사용하는 운동에 비해서 상당히 약한 편이다.

골프운동량 18홀 기준 7.1km, 12,000보, 운동량은 400kcal 소모된다고 한다.

파크골프 운동량은 세계적으로 2편의 논문이 있는데 일본의 히데타(2004년)가 교수의 연구결과에 따르면 18홀 기준 여성 골퍼는 58kcal, 2,600보 남성은 58kcal, 2,474보를 걷는 것으로 제시하고 있다. 58kcal는 15분 동안 속보로 걸을 때 소모되는 에너지와 같다.

일본의 파크골프장 길이는 18홀이 1,000m이며, 우리나라는 1,500m 이다. 이것은 우리나라 파크골프장의 길이에 2/3밖에 되지 않아 그만큼 에너지 소모도 적다. 한 자료에 의하면 서울의 한 골프장을 직접 조사해 보니 2,730보였고 일본의 경우를 대입해 보면 67kcal의 에너지를 소모하는 것이며 이는 약 20분을 속보로 걸을 때의 운동량과 같다. 필자가 파크골프를 치면서 측정한 결과 36홀 7,500 ~ 8,000보 걷는 것으로 나타났다. 이것은 다른 일반 구장 보다 비교적 긴 코스를 가지고 있는 구장이라 서울의 한 골프장보다 더 많은 수치가 나타나는 것 같다.

2) 파크골프의 운동 효과

① 걷기와 비슷한 유산소 운동 효과가 있다.

② 꾸준히 하면 근력과 심폐기능이 강화되는 효과를 볼 수 있다.

③ 성인병 예방과 골다공증 예방에 도움을 줄 수 있다.

④ 남녀노소 누구나 즐길 수 있어서 친구, 가족 등 친목 도모의 효과를 볼 수 있다.

⑤ 심신 건강에 도움을 주기 때문에 의료비 절감의 효과를 볼 수 있다.

6. 파크골프의 특성

① Park(공원)+Golf(골프)는 말 그대로 기존 골프를 재편성하여 공원같이 좁은 공간에서도 골프와 비슷한 맛을 느끼면서 3세대가 같이 운동을 할 수 있도록 만들어진 생활체육이다.

② 누구나 쉽게 배울 수 있다.

한 개의 클럽과 공으로 티 샷에서 퍼팅까지 치는 운동으로 누구나 쉽게 배울 수 있는 장점이 있다.

③ 비용이 아주 저렴하다.

대부분 구장은 약간의 동호회 가입비만 내면 월 1만원 내외의 금액으로 즐길 수 있는 운동이며, 그 외에 1회 1,000원~5,000원 이상의 입장료를 받는 곳도 생겨나고 있다.

④ 접근성이 좋다.

공원이나 고수부지 체육시설 부근에 시설이 있어서 접근성이 좋다.

⑤ 가족 간에 화목해진다.

부부나 3대 간에도 함께 즐길 수 있다.

⑥ 기본자세와 스윙 요령 등 배우기 쉽다.

⑦ 파크골프협회(동호회) 가입만 하면 각종 대회 등에 출전할 수 있어서 연중 재미있는 운동으로 즐길 수 있다.

제2절 파크골프의 스윙

1. 그립의 종류와 잡는 방법

1) 그립의 중요성

파크골프는 그립으로 부터 시작된다.

골퍼들은 그립이 별로 중요하지 않다고 생각한다. 그러나 훌륭한 골퍼에게는 그립을 잡는 방식이 매우 중요하다.

파크골프에 있어서 볼 접촉은 유일하게 클럽헤드 부분이고, 클럽과 직접 신체 접촉은 그립이다.

파크골프의 스윙에서, 파워는 몸의 움직임에 의해서 생겨나고, 그립에 문제가 있으면 백스윙 탑에서 클럽을 안전하게 잡을 수 없다. 따라서 적절한 그립에 의해 클럽이 통제되지 않는다면, 몸으로 만들어 낸 파워는 결코 손을 통해 클럽에 도달하지 못하고 클럽해드는 최대치로 가속될 수 없다.

2) 그립의 종류

그립은 클럽의 일부분 뿐만 아니라 골퍼가 양손으로 클럽을 쥐는 방식도 의미한다.

그립을 잡는 방식에 따라 그립 종류에는 오버래핑(Overlapping)그립, 인터로킹(Interlocking)그립, 베이스볼(Baseball)그립 세 가지가 있으며 강하게 잡는 것보다 부드럽고 편안하게 잡는 것이 좋다.

① 베이스볼(Baseball)그립 또는 내추럴그립 : 야구 방망이를 쥐듯 잡는 방법으로 오른손은 아래쪽에 잡고 왼손은 위쪽에 최대한 밀착하여 잡는다.

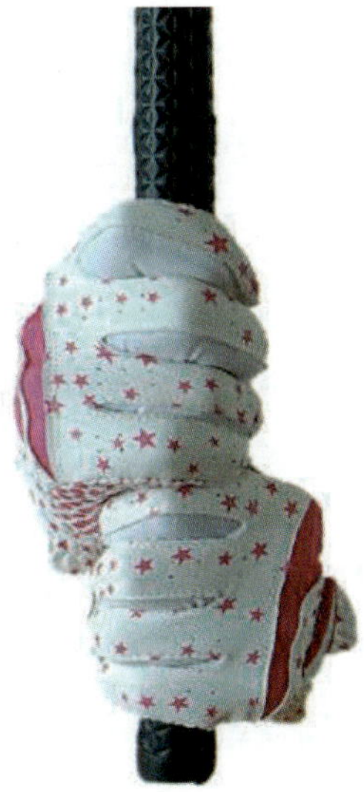

스윙 시 힘 전달이 가장 좋은 그립 종류로 힘이 부족한 어린이나 노약자에게 적합하다.

그립을 넓게 잡을 수 있어 공에 힘을 전달하기 쉽지만 오른손의 제어가 어려워 방향성이 좋지 않다는 단점이 있다.

② 오버래핑(Overlapping)그립 : 오른손의 약지 손가락을 왼손 검지와 중지 손가락 사이에 가볍게 올려주면 된다. 이 그립의 유래는 영국의 헤리바든이라는 골프선수가 처음 개발하여 사용하면서 '바든 그립'이라고도 한다. 왼손과 오른손의 일체감을 줄 수 있는 기본적인 그립으로, 임팩트 지점에서 클럽헤드의 움직임과 방향성이 좋으며, 컨트롤이 용이한 가장 대중적인 그립이다.

③ 인터로킹(Interlocking)그립 : 일명 골프 황제 '타이거 우즈' 그립으로 많이 알려져 있다. 오른손의 약지 손가락을 왼손의 검지와 중지 사이에 깍지(교차해서)를 끼고 잡는 그립이다. 왼손과 오른손의 일체감을 주는 그립으로 방향성과 비거리에 용이하며, 적은 힘으로도 클럽을 컨트롤 할 수 있다는 장점이 있다. 보통 손이 작거나 손가락이 짧고 힘이 약한 여자분들이 많이 사용하는 그립이다. 그러나 클럽헤드의 움직임이 둔해지는 경향이 있으며 새끼손가락 관절의 통증을 느낄 수 있다는 단점이 있다.

3) 그립 강도

손과 손바닥이 그립 중앙과 반대로 정렬되는 방식을 그립 강도라고 한다.

그립 강도는 크게 세 가지 종류로 분류된다. 오른손과 왼손을 덮는 방식에 따라 스트롱(Strong)그립, 뉴트럴(Neutral)그립, 위크(Weak)그립으로도 구분한다.

① 스트롱(Strong)그립

파크골프에서, 왼손을 조금 더 감아 잡는 그립으로 왼손 정권 마디가 3개 이상 보이며 오른손 엄지와 검지가 만나는 V자 홈이 오른쪽 어깨를 향하는 그립이다. 악성 슬라이스를 방지하기 위한 강한 그립이며, 훅 구질을 의도하기 위해 골프채를 잡는 방법이다.

스트롱 그립(훅그립)의 장점은 첫째, 코깅 시 페이스가 오픈 될 수가 없고 셋업부터 왼쪽 손목이 우측으로 틀어져 있어 부드럽게 백스윙을 할 수 있다. 둘째, 탑에서 클럽 페이스가 닫혀 있기 때문에 몸이 자연스럽게 먼저 움직이면서 올바른 동작을 할 수 있다. 셋째, 공을 똑바로 치기 위해서는 클럽헤드보다 손이 앞에 있어야 하는데 스트롱 그립으로 스윙을 하면 백스윙이 부드러워지고 임팩트가 좋아진다. 넷째, 드로우 구질 구사와 함께 비거리를 많이 난다.

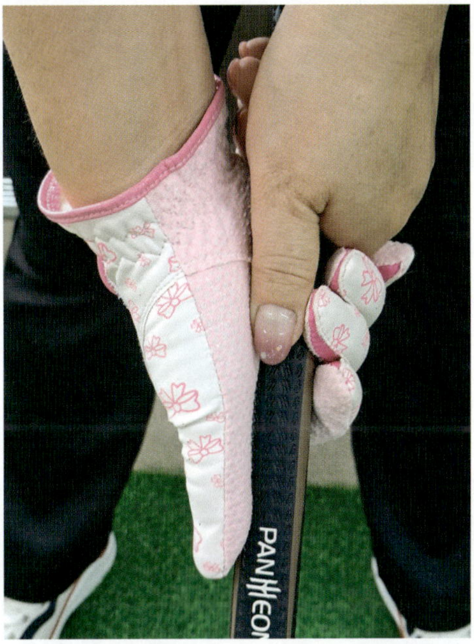

〈그림〉스트롱(Strong)그립

② 뉴트럴(Neutral)그립 또는 스퀘어(Square)그립

위에서 내려봤을 때 양손의 비율이 비슷한 그립으로 대부분의 골프들이 선호하는 가장 이상적인 그립의 형태이다. 통상적으로 가장 많이 사용하는 그립으로 왼손의 엄지와 검지 사이가 그립의 중앙 부분을 바라보며 왼손 정권 마디가 두 개 정도 보이고 오른손 엄지와 검지가 만나는 V자 홈이 오른쪽 가슴을 향하면 뉴트럴 그립이라고 한다. 가장 균형 잡힌 그립 방법으로 자연스럽게 그립을 잡을 수 있고 양손의 힘의 분배가 적당하여 신체에 무리도 주지 않으며 장점으로는 거리와 방향성에서 정확도가 가장 높은 그립이다.

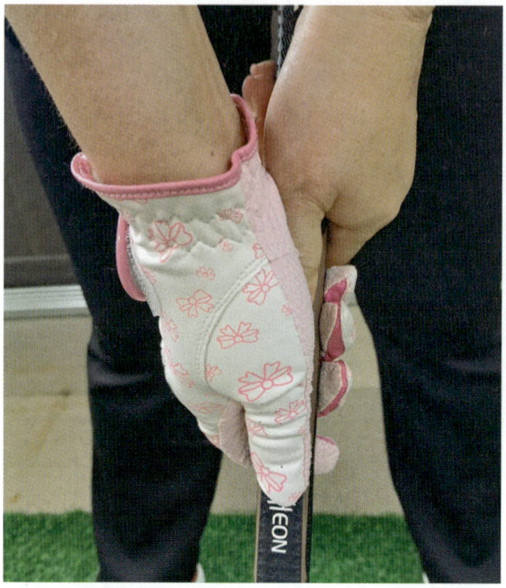

〈그림〉뉴트럴그립 또는 스퀘어그립

③ 위크(Weak)그립

어드레스를 했을 때 왼손의 너클이 1개만 보이고 장갑의 로그가 잘보이지 않는 것이 정상이다. 오른손이 너무 세서 훅 구질이 많은 골프들에게 적합한 그립이고 컨트롤이 가장 쉽고 페이드나 슬라이스 구질을 만들기 좋은 그립 방법이다.

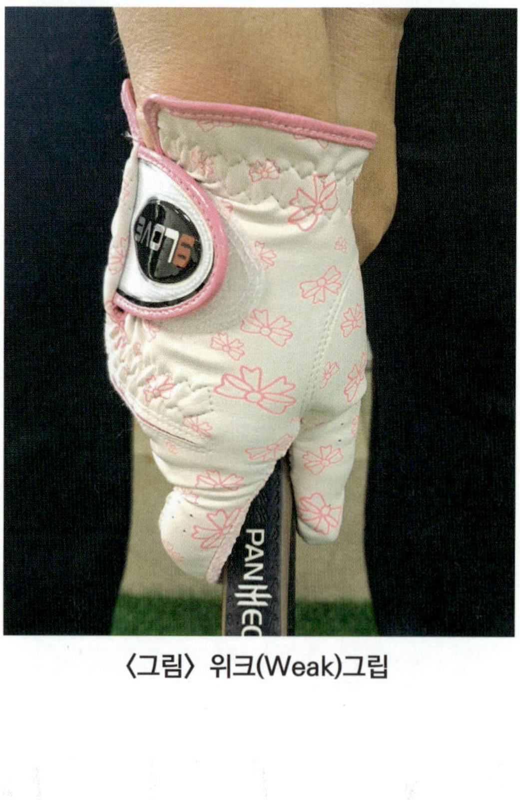

〈그림〉 위크(Weak)그립

4) 그립의 악력

그립을 어떤 손, 어떤 손가락으로 얼마나 강하게 잡는 것이 가장 적정한 것인지에 대한 것이 그립의 악력(握力), 즉 그립 프레셔(Grip Pressure)라고 한다. 그립에 손을 얹는 방법은 여러 가지가 있지만 그립을 잡는 세기에 관한 방법은 없다. 파크골프 그립에서 가장 중요한 것은 그립을 잡는 방법보다 그립 악력이다.

대부분의 파크골퍼는 자신의 그립이 강하다는 것을 잘 느끼지 못하고, 또 강한 그립의 악력이 무엇 때문에 나쁜 것인지를 잘 모른다.

그립의 악력에 대한 중요성을 살펴보면

첫째, 그립 악력이 강해지면 손가락 근육들이 팔뚝에 고정되기 때문에 손과 팔이 일체가 되는 현상이 생겨 손목의 유연성이 없어진다. 즉 손목 코킹이 어려워진다는 것이다.

두 번째, 그립을 강하게 잡으면 손가락 근육이 엘보에 모여 있기 때문에 이곳에 응력이 집중되어 테니스 엘보로 고통받기 쉽다.

세 번째, 그립이 강해지면 손목과 팔 그리고 어깨 등 몸의 상부에 힘이 잔뜩 들어가게 되고, 이 상체의 힘을 이용하다 보면 '엎어치거나(Over the Top)' 팔(Arm)로만 하는 스윙이 된다.

네 번째, 그립이 강해지면 클럽을 꽉 움켜주는 꼴이 되어 다운스윙 시에 클럽의 헤드 무게를 느끼기 어렵다. 이는 힘 있는 스윙이 되기보다 임팩트 후에 클럽을 붙잡는 현상이 되어 피니시를 어렵게 만들고, 클럽의 속도를 오히려 떨어뜨리게 한다.

그래서 많은 파크골프 강사들은 그립을 가볍게 잡는 것이 좋다고 한다.

일반적으로 악력은 꼭 잡았을 때 10의 강도라고 하고, 쥐지 않은 상태를 0이라고 하면, 왼손이 4~5정도, 오른손이 2~3의 강도로 잡아 왼손이 스윙을 주도한다. 즉 새(burd)를 잡았을 때 새가 날아가지 않을 정도의 세기로 잡거나 치약의 튜브를 잡는 것처럼 잡으면 된다.

파크골프에서 힘을 빼고, 헤드 무게를 느끼게 하는 가장 좋은 방법은 어드레스 시에 그립을 가볍게 잡고, 그 부드러움을 피니쉬까지 같은 강도로 유지하는 것이 중요하다.

※ 일명 테니스 엘보로 고통을 받고 있는 파크골퍼가 있다면, 우선 자신의 그립 악력(握力)을 체크해 보는 것이 좋다.

테니스 엘보는 뒤땅이나 강한 타격보다, 강한 그립에서 유발되는 경우가 많기 때문이다. 그립의 악력은 파크골프를 시작하는 단계에서 잘못된 습관에서 오는 경우가 많으므로 입문단계부터 가볍게 잡는 습관을 지니도록 하는 것이 중요하다.

5) 그립 잡는 방법

① 클럽의 헤드 페이스를 목표 방향에 두고 클럽 끝에서 1~2cm 정도 남기고 왼손의 엄지는 샤프트 위에 얹고 남은 4개의 손가락은 아래쪽에서 감아쥔다.

② 오른손은 베이스볼, 오버래핑, 인터로킹 그립 중에 편한 것으로 잡는다.
일반적으로 오버래핑, 또는 인터로킹 그립을 가장 많이 사용한다.

③ 악력은 강하지 않게 새를 잡듯이 가볍게 쥔다.

2. 스텐스

어드레스로 샷이 정해지는 만큼 중요한 준비 자세에서 이를 결정하는 중요한 요소가 바로 스텐스이다.

스탠스는 스윙을 하기 전에 자세를 잡는 두 발의 형태를 말하며, 비거리와 볼의 구질을 결정한다.

스텐스를 통해 하반신을 안정시켜야 안정된 샷을 치고 정확도를 높일 수 있다. 즉, 겨냥한 곳에 정확히 쳐서 타수를 줄이는 게임인 파크골프에서 스윙의 안정성과 공의 방향을 결정하는 데도 아주 중요한 이유이다.

스탠스가 좁아지면 균형을 잡기 힘들고 큰 스윙은 하기 힘들지만 정확도는 좋아진다. 반대로 스탠스가 넓어지면 큰 스윙을 할 수 있어 비거리가 좋다.

스탠스는 보통 거리나 상황에 따라 넓거나 좁게 하지만 양발은 기본적으로 어깨너비 정도 벌려준다. 이때 발의 각도를 정해야 하는데 스탠스에는 스퀘어, 오픈, 클로즈 세 가지 종류가 있다.

1) 스퀘어(Square) 스탠스

11자형으로 발을 벌려주는 자세로서 두발 끝 선이 목표 방향과 일치되는 가장 기본적인 스탠스 자세이다. 스윙 할 때 몸이 회전하기 쉽기 때문에 공은 똑바로 나간다.

〈그림〉 스퀘어(Square) 스탠스

2) 오픈(Open) 스탠스

목표 방향에서 왼쪽 발 끝 선이 열린 상태이다. 강한 백스윙에서 쓰는 자세로 스퀘어 스탠스보다 왼발을 살짝 뒤로 빼준다. 구부러진 골프 코스 모양이 하늘에서 보면 개의 뒷다리같이 생겼다고 해서 붙은 명칭인 '도그레그(Dog leg) 홀'이나 벙커샷에서 많이 사용된다.

훅(왼쪽으로 휘어짐)을 방지하며, 슬라이스(오른쪽으로 휘어짐)가 발생할 수 있다.

〈그림〉 오픈(Open) 스탠스

3) 클로즈(Close) 스탠스

왼발이 11자형 보다 더 닫혀있는 형으로 오픈 스탠스와 반대이다. 즉 스퀘어 스탠스 자세에서 오른쪽 발이 뒤로 물러난 자세이며, 이 자세는 오른쪽 허리가 돌아가 있어 백스윙에 유리하다.

슬라이스를 방지하며, 비거리는 많이 나지만 훅이 발생할 수 있다.

〈그림〉 클로즈(Close) 스탠스

3. 어드레스(Address)

어드레스(Address)라는 단어는 '자세를 취하다', '겨냥하다'라는 뜻을 가지고 있으며, 파크골프에서는 볼을 타격하기 위한 준비 자세를 말한다.

1) 어드레스 순서

① 우선 그립 잡기, 다리 위치 정하기, 목표 방향 선정, 몸의 정렬하기.

② 스텐스를 취하고 클럽 그립을 양팔로 쭉 펴서 잡아 왼쪽 손목을 자연스럽게 꺾어 클럽헤드를 눈높이 보다 높게 위치한다.

③ 이 상태에서 무릎을 자연스럽게 구부리고 엉덩이를 빼면서 클럽헤드 밑 부분이 지면에 닿을 때까지 천천히 허리를 구부린다.

④ 상체를 구부린 각도를 유지한 채 양쪽 겨드랑이 부분이 적절히 조이는 느낌이 들도록 팔을 내린다.

⑤ 몸의 중심은 양발에 고르게 50 : 50으로 나누어 싣고 체중은 발 중앙에 싣는다.

⑥ 오른팔과 왼팔의 사이는 ▽의 모양을 만들어 유지한다.

⑦ 몸의 힘은 빼고 힘을 손끝에 모은다.

2) 어드레스 시 주의 할 점

(1) 스탠스 폭

- 발의 뒤꿈치와 어깨가 일직선을 이루고 있어야 한다.
- 스윙의 회전 속도를 높이기 위해 골반을 뒤로 빼서 허리와 등이 평평하게 펴질 수 있도록 해야 하는 것이 핵심이다.
- 스탠스의 기본은 가장 편안한 자세를 취하는 것이기 때문에 간단하게 자신이 걸을 때의 보폭으로 스탠스 폭을 잡아주면 된다.

(2) 어깨

- 왼쪽 어깨가 오른쪽 어깨보다 35도쯤 올라와 있는 것이 좋다.
- 왼팔은 오른팔보다 각도가 더욱 펴진 상태를 유지해야 되기 때문에 샤프트와 일자는 아니더라도 일자에 가까운 정도면 된다.

(3) 척추 각도

- 척추 각도를 정확하게 각도를 잴 수 있는 방법으로는 바로 클럽을 바닥에 댄 상체로 어드레스 자세를 만들지 말고 팔을 앞으로 쭉 펴진 상태로 스탠스를 벌리고 앞으로 상체를 천천히 굽히면 된다.
- 이 상황에서 척추는 꼿꼿함을 유지해야 하며 절대로 굽어져서는 안 된다.
- 클럽 헤드가 바닥에 닿게 될 때까지 내려주면 된다.

(4) 무릎 각도

- 무릎 각도는 하체가 적절하게 안정감을 느낄 수 있는 정도여야 한다.
- 너무 심하게 굽히거나 체중을 뒤쪽으로 두는 경우, 또는 앞쪽으로 두어서는 안 되

며 발 중앙에 두는 것이 좋다.

- 무릎은 적당히 살짝만 구부리는 것이 좋으며 이후 엉덩이를 조금만 내미는 것이 좋다.

3) 어드레스 시의 공의 위치

- 티샷과 퍼팅 할 때의 공의 위치 : 티 박스에서 티에 공을 올려놓고 티샷을 할 때와 퍼팅 샷을 할 때의 공은 왼발과 일직선상에 놓는 것이 좋다.

- 페어웨이 샷을 할 때 공의 위치 : 페어웨이에서 깃대를 향하여 샷을 할 때의 공은 왼발과 오른발 중앙에 놓는 것이 좋다.

- 벙크 샷과 러프 샷을 할 때 공의 위치 : 벙크 샷과 러프 샷을 할 때의 공은 오른 발 밖에 놓는 것이 좋다.

4. 파크골프 스윙과 샷

1) 파크골프의 스윙

(1) 스윙의 종류

① 1/4 스윙(일명 똑딱이 스윙)

- 공을 30m 내외로 보내야 할 때 사용한다.
- 백스윙과 팔로우스루의 크기는 45도를 유지 하면서 삼각형이 유지 될 수 있도록 한다.
- 백스윙 정점에서 양손은 우측 무릎 20cm 밖이며 체중은 50:50으로 한다.
- 시선은 공이 클럽 헤드 중심부에 맞는지 집중해야 한다.

② 1/2 스윙(하프스윙)

- 공을 50m 내외로 보내야 할 때 사용한다.
- 백스윙과 팔로우스루의 크기는 90도를 유지하고 좌·우 대칭이 될 수 있도록 노력한다.
- 백스윙 정점에서 양손은 우측 옆구리이며 체중은 60 : 40로 한다.
- 시선은 공이 클럽헤드 중앙에 일치하도록 집중해야 한다.

③ 3/4 스윙

- 공을 70m 내외로 보내야 할 때 사용한다.
- 백스윙과 팔로우스루의 크기는 135도를 유지하고 몸이 좌우 대칭이 될 수 있도록 노력한다.
- 백스윙 정점에서 양손은 우측 어깨이며 체중은 70 : 30으로 한다.
- 시선은 공이 클럽헤드 중앙에 일치하는지 더욱더 집중하여야 한다.

④ Full 스윙

- 공을 80m이상 보내야 할 때 사용한다.
- 백스윙과 팔로우스루의 크기는 135도를 유지하고 몸이 좌우 대칭이 될 수 있도록 노력한다.
- 백스윙 정점에서 양손은 우측 어깨와 머리 사이이며, 체중은 80 : 20으로 한다.
- 다운스윙 시 체중이동은 오른발에서 왼발로 이동하면서 피니쉬의 체중이동은 10 : 90으로 한다.
- 시선은 공이 클럽페이스 스위스팟(클럽헤드 중앙부)에 맞는지 매우 집중 하여야 한다.

(2) 스윙의 순서

파크골프 스윙의 순서

어드레스	→	테이크백	→	백스윙	→	다운스윙	→	임팩트	→	팔로우스루	→	피니쉬
(정렬)		(뒤로뺌)		(뒤로올림)		(내림)		(때림)		(이어짐)		(마무리)

① 백스윙

- 백스윙은 테이크백(Take back+코킹)이다.
- Take back은 클럽을 뒤로 들어 올리는 것이다.
- 코킹은 왼쪽 손목을 치켜세운다는 뜻이다.
- 코킹은 일찍 풀어 주거나 늦게 풀어 주면 안 되고 임팩트 존에서 풀어 주어야 한다.
- 클럽과 몸통은 하나가 되어서 백스윙이 이루어져야 하며 어깨의 회전이 클수록 비거리가 증대된다.

※ 캐스팅 : 코킹되어 있는 손목이 풀어지는 것을 캐스팅된다. 라고 한다.

② 톱 오브스윙

- 백스윙의 정점이자 다운스윙의 시발점이 되는 일련의 동작이다.
- 백스윙 톱에서 왼손 엄지손가락이 클럽의 샤프트를 받치게 된다.
- 백스윙 톱에서는 오른손 바닥으로 쟁반을 받치는 듯한 동작을 취한다.
- 톱에서의 충분한 코킹은 비거리와 방향성을 향상시킨다.

③ 다운스윙

- 클럽을 공의 방향으로 끌어 내리는 동작이다.
- 하체가 리더 하며 몸통으로 스윙한다. 팔로 스윙하지 않고 헤드 무게의 중력을 이용하여 스윙한다.
- 왼손으로 클럽을 잡아당기는 기분으로 스윙하여 코킹을 최대한 유지한다.
- 스윙 궤도가 일정하게 타원형을 그리면서 스윙한다.

④ 임팩트

- 클럽헤드가 공을 가격하는 순간으로 정확성과 비거리의 기본조건이다.
- 강한 임팩트를 만들려면 그립을 부드럽게 잡아야 한다.
- 시선을 공에 집중하여 클럽의 스위스팟(중심)에 볼을 맞춰야 한다.
- 양팔을 뻗은 채로 샤프트와 팔이 일직선을 이루는 것이 좋다.
- 임팩트 후에는 클럽을 던져 준다는 기분으로 팔을 뻗은 채 그대로 밀어 주는 것이 중요하다.
- 임팩트시 체중이동은 왼발로 70%이상 이동되어야 한다.

⑤ 팔로우스루

- 공을 친 후 공의 진행 방향으로 손을 내밀어 탄력을 붙이기 위한 수단이다.
- 클럽헤드를 목표선보다 밖으로 던져 강한 원심력의 스윙 궤도를 만든다.
- 클럽을 가속하여 백스윙보다 더 크게 스윙한다.
- 몸이 백스윙 때 보다 더 많이 앞으로 움직인다.
- 왼쪽의 축을 잘 버텨야 한다.

⑥ 피니쉬

- 스윙의 마지막 단계로 약 3초간 자세를 유지하는 것으로 스윙의 꽃이라 한다.
- 피니쉬에서 체중은 왼발로 90% 이상 이동되어야 한다.
- 안정적인 스윙의 피니쉬는 전체 스윙에 있어 좋은 리듬감을 만들 수 있다.
- 하체를 견고하게 서야 완전한 피니쉬를 만들 수 있다.

⑦ 연속스윙

- 몸과 팔에 힘을 빼고 부드럽게 스윙을 하여야 정확하고 멀리 간다.
- 팔로스윙을 하는 것이 아니라 몸통으로 스윙을 하여야 정확하고 멀리 간다.
- 임팩트 순간에는 공이 클럽 페이스 어디에 맞는지 집중하여야 한다.
- 하체가 견고하게 버텨줘서 몸의 중신이 흩어지지 말아야 한다.
- 골프는 몸을 꼬았다가 풀어주는 힘으로 치는 운동이다.
- 리듬이 제일 중요하다(하나 둘에 백스윙과 코킹, 셋, 넷에 탑 오브, 다섯. 여섯에 임팩트 팔로우스루, 일곱. 여덟에 피니쉬).
- 풀스윙이 어려우면 스윙의 5단계(탑 오브스윙, 피니쉬를 생략)부터 시작한다.

2) 파크골프 샷

파크골프 샷의 종류는 티샷, 페어웨이 샷, 로브 샷, 러프 샷, 벙커 샷, 트러블 샷, 퍼팅 일곱 가지가 있다.

(1) 티샷

티샷은 홀을 공략하기 위해 티 위에 공을 올리고 첫 번째로 치는 샷이다.

티 박스는 가로 1.5m×세로 1.5m의 티 박스 위에서 2.3cm의 티 위에 공을 올려놓고 샷을 하면 된다.

티샷의 공의 위치는 스윙의 가장 낮은 부분을 지나 클럽헤드가 올라가기 시작하는 왼발 엄지발가락 앞에 티를 놓고 그 위에 공을 올려서 치면 된다.

※ 주의 : 티 박스의 놓인 위치를 보지 말고 깃대의 발향을 보고 샷을 하여야 한다.

(2) 페어웨이 샷

페어웨이 샷은 티샷 다음으로 잔디 위에 놓인 상태 또는 그린 위에 공이 올라가지 않았을 때 깃대를 향해 어프로치를 시도하는 샷으로 공을 정확하게 타격하기 위해서는 스윙의 가장 낮은 지점인 양발의 가운데에 공을 놓고 샷을 하면 된다.

(3) 로브 샷

티 박스 앞쪽 또는 공을 보내고자 하는 길에 벙커, 헤저드, 언덕 등의 장애물이 있어 공의 진행이 용이하지 못할 때 공을 의도적으로 높이 띄우는 티 샷을 말한다.

로브 샷은 벙크, 헤저드, 언덕 등을 탈출하기 위해서 사용하는 샷으로 로브 샷은 위험한 샷이므로 20~30m 정도 보내기 위해 샷을 사용하여야 한다.

또한 많은 연습을 통하여 완전한 샷을 구사할 때 사용하는 것이 좋겠다.

▶ 일본식 로브 샷

① 공의 위치

공은 기본 티샷보다 앞쪽으로 두는데 보통 왼발의 새끼발가락 앞에 놓는다.

② 어드레스

- 오른발에 체중을 많이 싣는다.
- 오른쪽 어깨가 많이 낮으며 왼쪽 어깨가 많이 올라가도록 한다.
- 클럽페이스가 하늘 방향으로 약 15° 정도 열리도록 준비한다.
- 무릎은 많이 구부리고 자세를 많이 낮춘다.

② 백스윙과 톱 오브 스윙

- 백스윙 시에 클럽을 1/2 스윙 정도로 백스윙한다.
- 백스윙 톱에서 체중이 왼발로 넘어가지 않도록 주의한다.
- 스윙을 체중 이동이 아닌 몸통의 꼬임 동작과 풀림 동작으로만 친다고 생각한다.

③ 임팩트

- 하체가 리드하며 클럽을 가파르게 끌어 내리는 기분으로 스윙한다.
- 클럽 헤드가 왼발 앞쪽에서 최저점이 되도록 스윙한다.
- 임팩트 순간에는 어드레스 때와 같이 클럽페이스가 하늘 방향으로 15° 정도 열려 맞도록 한다.
- 임팩트 순간의 하체는 왼발은 강하게 버텨주고 오른발 무릎은 약간 구부려 준다.

④ 팔로우스루와 피니쉬

- 클럽헤드를 약 15도 정도 상향으로 던져 주는 느낌으로 스윙한다.
- 클럽을 가속하여 백스윙 때 보다 더 크게 스윙한다.
- 피니쉬에서 체중은 왼발 쪽으로 60% 이상 이동이 되어야 한다.
- 강하게 친다고 공이 뜨는 것이 아니라 임팩트 순간에 공이 클럽페이스 맞는 경사각이 중요하다.

▶ 한국식 로브 샷

① 공의 위치

공은 양발의 중앙에 놓는다.

② 어드레스

- 일반 샷의 어드레스와 동일하게 한다.
- 클럽페이스가 하늘 방향으로 약 15도 정도 열리도록 준비한다.
- 클럽페이스를 목표지점을 향하게 왼발을 뒤로 뺀다.(오픈 스탠스 형태)

- 기본 샷 어드레스와 마찬가지로 그립을 쥐어 만든 삼각형이 구겨지지 않게 한다.
- 체중은 양발에 고르게 나누어 싣는다.

③ 백스윙과 톱 오브 스윙

- 백스윙 시에 클럽을 가파르게 들어 올린다.
- 백스윙 톱에서 체중이 왼발로 넘어가지 않도록 주의한다.
- 임팩트 순간에는 어드레스 때와 같이 클럽페이스가 하늘 방향으로 15° 정도 열려 맞도록 한다.
- 임팩트 순간의 하체는 왼발은 강하게 버텨주고 오른발 무릎은 약간 구부려 준다.

④ 팔로우스루와 피니쉬

- 클럽헤드를 약 15° 정도 상향으로 던져 주는 느낌으로 스윙한다.
- 클럽을 가속하여 백스윙 때 보다 더 크게 스윙한다.
- 피니쉬에서 체중은 왼발 쪽으로 60% 이상 이동이 되어야 한다.
- 강하게 친다고 공이 뜨는 것이 아니라 임팩트 순간에 공이 클럽페이스 맞는 경사각이 중요하다.

(4) 러프 샷

러프 샷은 페어웨이에 안착하지 못한 공이 러프에 빠졌을 때 페어웨이에 공을 안착하거나 깃대를 향해 어프로치를 하는 샷이다.

① 공의 위치

- 러프 샷의 공은 오른발의 새끼발가락보다 바깥쪽에 놓는다.
- 벙크 샷의 공은 오른발의 엄지발가락 안쪽에 놓고 샷을 하면 된다.

② 어드레스

- 목표 방향을 선정한다.
- 그립을 조금 짧게 잡고 왼손 손목을 꺾어 핸드퍼스트를 과하게 건다.
- 클럽페이스가 지면 방향으로 120도 정도로 닫혀 있도록 한다.
  (클럽 헤드가 공을 덮어쓴 것처럼 공중에 떠 있어야 한다.)
- 왼쪽과 오른쪽 어깨를 수평이 되도록 유지한다.
- 체중은 양발에 50 : 50을 유지한다.

③ 백스윙과 톱 오브스윙

- 백스윙 흔들리거나 머리가 움직이면 안 된다.
- 클럽을 90도 정도 가파르게 들어 올린다.
- 체중 이동을 하지 않는다.
- 시선은 공을 집중한다.

④ 다운스윙과 임팩트

- 클럽을 90도 정도 가파르게 끌어당기며 손목의 스냅을 이용하여 공을 가격한다.
- 클럽페이스는 공을 가격 후 지면에 박고 팔로우스루는 생략한다.
- 공을 땅속에 박는 것처럼 가격하면 반발력에 의하여 공이 지상으로 떠서 날아간다.
- 거리는 공을 가격하는 힘으로 조정한다.

(5) 벙커 샷

벙크 샷은 페어웨이에 안착하지 못한 공이 벙크(모래)에 빠졌을 때 벙크에서 탈출을 시도하거나 깃대를 향해 어프로치를 시도하는 샷이며 공을 치고 나왔을 때 땅을 평평하게 고르고 나와야 한다.

① 공의 위치

- 벙크 샷의 공은 오른발의 엄지발가락 안쪽에 놓고 샷을 하면 된다.

② 어드레스

- 목표 방향을 선정한다.
- 그립을 조금 짧게 잡고 왼손 손목을 꺾어 핸드퍼스트를 과하게 건다.

- 클럽페이스가 지면 방향으로 135도 정도로 닫혀 있도록 한다.
  (클럽 헤드가 공을 덮어쓴 것처럼 공중에 떠 있어야 한다.)
- 왼쪽과 오른쪽 어깨를 수평이 되도록 유지한다.
- 체중은 양발에 50 : 50을 유지한다.

③, ④항은 러프 샷과 동일하게 하면 된다.

(6) 장애물 샷1(일명, 한손 샷)

- 공의 왼쪽에 안전망 또는 나무 등이 있어 서서 칠 수 있는 공간이 전혀 없을 때 사용한다.
- 뒤로 돌아서서 후방을 본다. 공은 우측에 놓고 양발은 적당히 벌리고 공과 수평선 상에 선다.
- 이때 공의 위치는 우측 발에서 10cm 정도 우측에 오른발 앞꿈치와 수평선 상이 좋다.
- 오른손으로 클럽을 들어 올렸다가 내리면서 공을 친다.
- 클럽페이스를 공에 맞히는 각도는 러프 샷 또는 일반 샷과 동일하다.

(7) 장애물 샷2(일명 가랑이 샷)

- 공의 왼쪽에 안전망 또는 나무 등이 있어 서서 칠 수 있는 공간이 약간 있을 때 사용한다.
- 뒤로 돌아서서 후방을 본다, 공은 가랑이 사이에 놓고, 양발은 적당히 벌리고 선다.
- 이때 공의 위치는 좌 · 우측 앞꿈치와 수평을 이루는 것이 좋다.
- 공을 보낼 위치를 확인하고 양손으로 클럽을 짧게 잡고 들어 올렸다가 공을 내려찍는다.
- 공의 위치가 너무 앞으로 가면 튀어 올라 급소를 맞을 수 있어 주의가 필요하다.
- 클럽페이스를 공에 맞히는 각도는 러프 샷 또는 일반 샷과 동일하다.

(8) 퍼팅 샷

전체 골프 경기에서 퍼팅이 차지하는 비중은 43%로 거의 절반을 차지하고 있다. 퍼터 그립의 방법은 여러 가지가 있지만 여기서는 대표적인 5가지만 설명한다.

▣ 제1단계 : 그립을 잡는 방법

첫째, 리버스 오브랩(Reverse overlapping)그립

리버스 오브랩(Reverse overlapping)그립은 가장 대중적으로 많이 사용하는 그립으로, 역 오브랩 그립이라고도 한다. 일반 골프채를 잡는 오브랩 그립에서 왼손 검지 손가락을 밖으로 잡는 방법이다.

① 오른손바닥으로 클럽을 감싸 쥐고 엄지는 헤드 방향으로 눌러준다.

② 왼손바닥으로 그립을 감싸주어 엄지는 헤드 방향, 검지는 오른손 가락을 감싸 쥔다.

ⓐ 두 손바닥이 마주 보게 그립 측면에 놓는다.

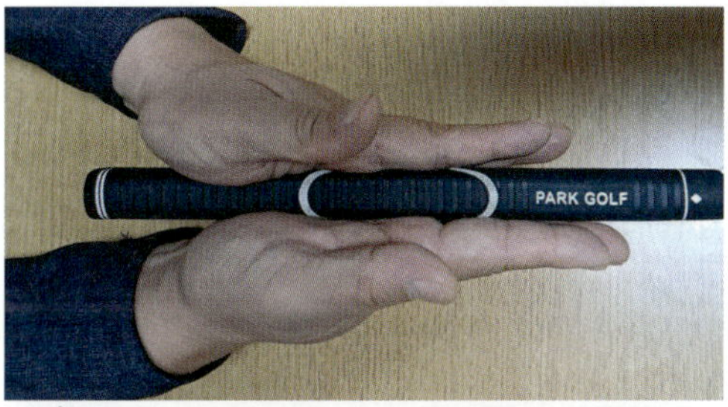

ⓑ 왼손으로 클럽을 잡고 엄지손가락이 아래를 향하도록 그립 위에 놓는다. 이때 검지는 그립에서 떨어져 있다.

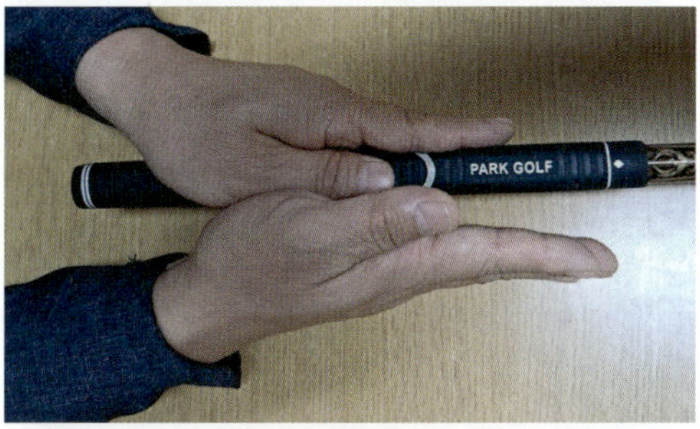

ⓒ 오른손으로 그립을 감하듯 잡되 왼손 검지를 감싼다. 엄지손가락은 왼손 엄지손가락 위로 감싸 듯하여 아래를 향하여 잡는다. (리버스오버그립)

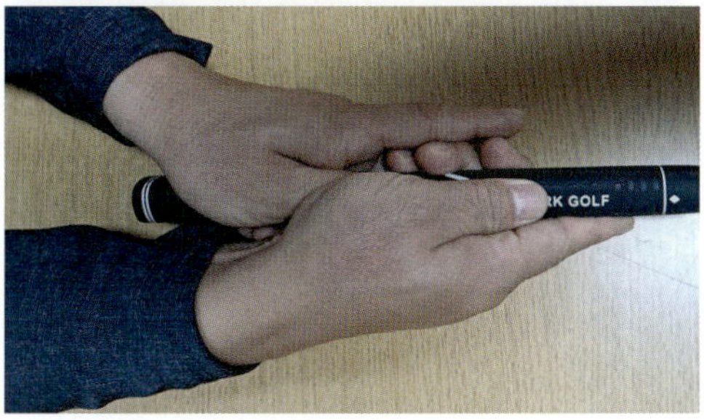

ⓓ 마지막으로 오른쪽. 검지손가락을 펴서 그립 오른쪽에 붙인다.

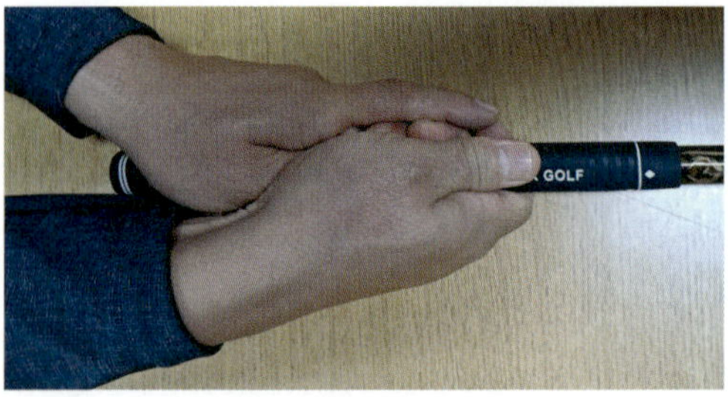

둘째, 크로스 핸디드 그립 (cross-handed grip)

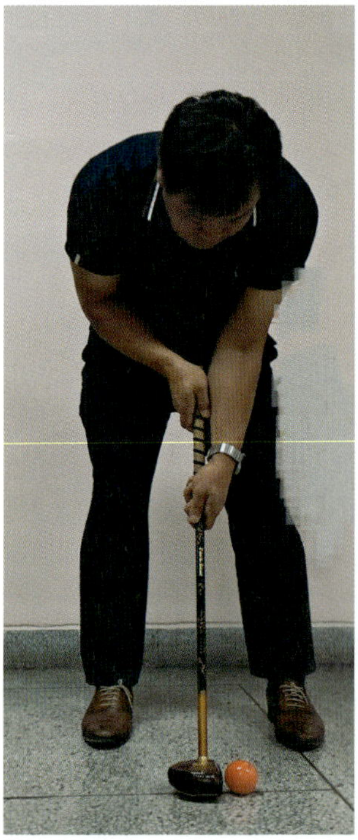

크로스 핸디드 그립 (cross-handed grip) 은 일명 역그립으로 여자 프로들이 선호하는 방법으로, 왼손을 오른손보다 내려 잡는 방법이다.

임팩트 순간 왼쪽 손목의 꺾이는 것을 억제할 수 있어 짧은 거리를 퍼팅할 때 유리하다.

크로스 핸드 퍼팅법에는 양손이 하나의 단위처럼 함께 움직이며, 더더욱 중요한 점은 구부러진 오른팔이 피스톤과 같은 추진력을 발휘하여 치밀하고 정확한 감각으로 양팔과 어깨, 퍼터를 뒤와 앞으로 움직여 준다는 것이다.

크로스 핸드 그립의 장점은 바로 방향 직진성이 매우 좋고 특히 손목을 많이 사용하는 골퍼들에게 좋다.

그러나 단점은 바로 거리감 방향은 정말 좋지만 10미터 이상의 롱 퍼팅에서 거리 조절이 힘들다고 합니다.

그래서 롱 퍼팅 할 때는 원래 그립으로 하고 가까운 퍼팅을 할 때는 역 그립 크로스 핸드 그립으로 하는 경우가 많다.

ⓐ 먼저 오른쪽 손바닥이 목표 쪽을 향하게 그립의 맨 윗부분을 잡는다.

ⓑ 왼손 손등이 목표 쪽을 향하게 오른손 아래에 놓는다.

셋째, 폴 런얀 그립(paul runyan grip)

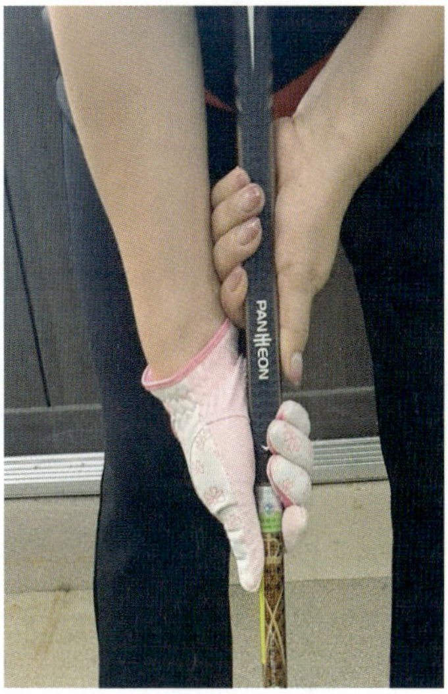

폴 런얀 그립(paul runyan grip)으로 퍼팅의 전설적인 인물인 "폴 런얀" 선수의 그립으로 양 손바닥이 위로 45도 안쪽으로 향하는 자세로 두 손의 그립 강도를 같게 하고, 왼쪽 손목의 꺾임을 억제하는데 유리하다.

ⓐ 왼손은 그립의 위쪽을 잡는다.
ⓑ 왼쪽 손목을 왼쪽으로 최대한 틀어서 왼쪽 손의 손톱이 모두 보일 정도로 그립을 잡는다.
ⓒ 오른쪽 손목을 오른쪽으로 최대한 틀어서 오른쪽 손의 손톱이 모두 보일 정도로 그립을 잡는다.

넷째, 스플릿 핸디드 그립(split-handed grip)

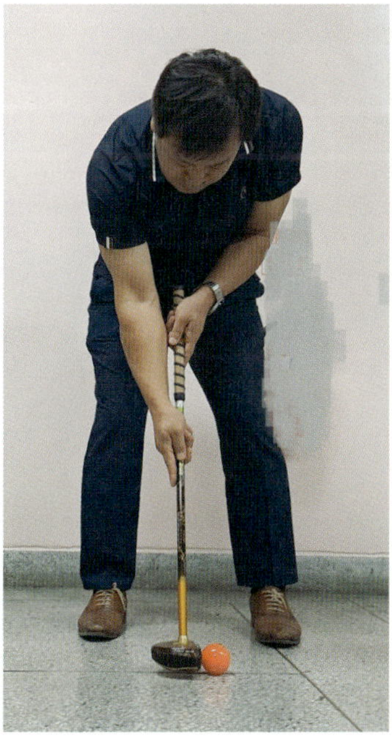

스플릿 핸디드 그립(split-handed grip)은 두 손을 분리시켜 잡는 그립으로 오른손으로 콘트롤하는 것이 특징이다.

이 그립은 연습방법 가운데 가장 대표적인 것으로 긴 퍼터를 사용할 때 사용되는 그립이다. 이 연습은 오른쪽 몸의 사용법뿐만 아니라 백스윙 시 스윙아크를 크게 만드는 효과도 있다. 오른손을 왼손 밑으로 내려 잡은 채로 스윙을 하기 때문에 팔로스루에서 오른손이 먼저 나가게 되며, 어깨와 엉덩이도 덩달아 따라 나갈 수밖에 없다. 이 방법은 거리를 늘리기 위한 연습으로 좋을 뿐만 아니라 고질적인 슬라이스로 고생하는 골퍼들에게도 좋은 해결책이 될 수 있다. 연습할 때는 여러 번 스플릿 핸드 그립을 잡고 스윙을 하고 난 다음, 평상시 자신이 사용하는 그립으로 고쳐 잡은 뒤 같은 느낌으로 치면 많은 도움이 된다.

ⓐ 왼손은 일반적인 그립과 같이 손바닥으로 그립을 부드럽게 감싸 쥔다.
ⓑ 오른손은 포개어 잡지 말고, 왼손에서 4~5㎝ 정도 떨어뜨린 채 그립을 잡는다.
ⓒ 손 모양(검도 손잡듯이)을 제외한 다른 셋업은 평소와 똑같이 한 상태에서 스윙을 하면 된다.

다섯째, 집게 그립

집게 그립은 일명 간지 퍼딩 그립이라고 불리며, 손목 사용을 억제하기 좋기 때문에 프로선수들이 많이 사용하는 방식이다. 집게 퍼트는 개인차가 많은 퍼틸 그립 방식이다. 오른손 감각을 느끼지 못하고, 잘못된 스트로크 시 헤드가 흔들려서 큰 실수를 할 수도 있는 방법이다.

이외에도 랑거 그립, 클로 그립 등이 있으며, 각자 체형에 맞는 그립을 터득하는 것이 좋다

ⓐ 왼손은 일반적인 그립과 같이 손바닥으로 그립을 부드럽게 감싸쥔다.

ⓑ 검지는 조금 떨어뜨려 견고함을 높일 수 있다.

ⓒ 오른손은 엄지손가락을 펴서 퍼터 뒤를 지지하고, 나머지 손가락은 퍼터 옆에 붙여 그립에 밀착시키는 것이 일반적인 그립이다. 그러나 오른손을 연필 쥐듯이 퍼팅을 잡기도 하고 모든 손가락 끝을 이용하여 그립을 잡기도 한다.

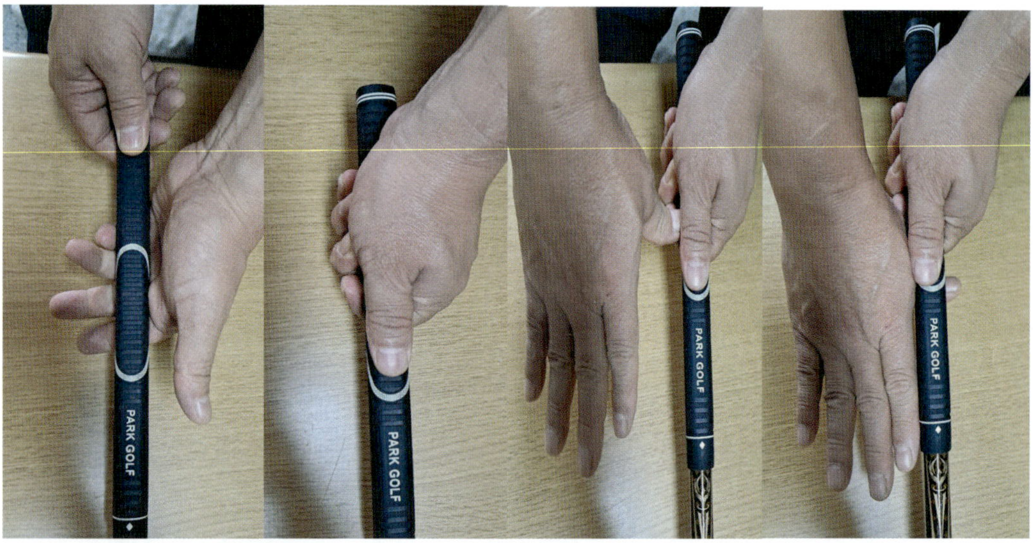

▣ 제2단계 : 준비자세

완벽한 자세를 갖추는 손쉬운 방법은 상체를 곧게 펴고 서서 퍼터가 팔뚝과 일직선을 이루도록 몸 앞으로 든다.

팔뚝 아래쪽이 하늘을 향할 때까지 팔꿈치를 안으로 회전한 다음, 팔꿈치가 갈비뼈에 닿을 정도로 몸에 바짝 붙인다.

이제 퍼터의 솔이 지면에 놓일 때까지 엉덩이 높이에서 몸을 앞으로 기울인다. 이것만 제대로 하면 좋은 퍼팅 셋업의 핵심도 자연스럽게 제자리를 갖추게 될 것이다.

① 엉덩이는 발뒤꿈치 위에 위치한다.

이렇게 하면 체중을 고르게 분산할 수 있기 때문에 스트로크를 하는 내내 하체를 움직이지 않으면서 전체적으로 균형을 유지하기가 훨씬 쉽다.

② 공의 위치는 왼발 엄지발가락 앞과 왼쪽 눈 아래에 둔다.

이 자세는 퍼터의 라인을 더 잘 보고 원하는 출발선에 맞춰 퍼터를 더 잘 겨냥하기 위해서 필요하다.

③ 손은 어깨 아래에 둔다.

이렇게 해야 팔과 어깨를 이용해서 퍼터를 뒤와 앞으로 움직이기 쉽다.

또한 손을 어깨에 유지하면 백 스트로크가 완벽한 경로를 따라 움직이기 때문에 푸시나 풀이 발생할 확률이 줄어든다.

④ 스탠스는 어깨 넓이로 하고 체중은 6 : 4 정도로 왼쪽에 두며 몸의 힘은 완전히 뺀다.

⑤ 라이를 감안하여 공과 홀컵 사이에 가상 목표선을 선정하고 양 발끝과 평행을 유지한다.

⑥ 무릎은 약간 굽히고 엉덩이를 뒤로 빼고 척추를 곧게 펴며 몸의 힘을 뺀다.

⑦ 오른쪽 어깨가 왼쪽 어깨보다 약간 처진 상태로 양팔을 쭉 펴서 삼각형을 유지하고, 양팔의 겨드랑이를 옆구리에 붙혀 삼각형을 만든다.

■ **제3단계 : 퍼팅하기**

퍼팅은 그린 위에서 홀컵으로 공을 보내는 샷으로 일반적인 샷의 스윙과는 다르게 시계추처럼 동작을 해야한다. 샷을 정확하게 하려면 클럽을 가깝게 잡고 팔을 몸쪽으로 붙여서 스윙한다.

①퍼팅 스트로크는 손목의 움직임을 최대한 자제한다.

② 몸의 힘을 빼고 양어깨가 시계추 움직이듯이 일정한 리듬으로 스윙한다.

③ 백스윙은 클럽헤드를 최대한 낮게 천천히 왼 어깨와 팔이 리드한다.

④ 다운스윙은 거리감에 집중하며 공의 머리 부분을 가격하여 굴려서 친다.

⑤ 백스윙과 팔로우스루는 같은 크기로 하며, 파크골프 채의 헤드는 깃대를 향한다.

⑥ 스윙 중에는 머리를 고정하고 가능한 호흡을 멈추고, 귀로 듣는다.

■ **제4단계 : 퍼팅연습**

① 숏 퍼팅을 익힌 다음에 롱 퍼팅을 연습한다.

② 거리감을 익히는 방법은 백스윙 크기별로 자신만의 거리를 만드는 것이 좋다.

③ 홀컵까지 거리는 보폭으로 계산하거나 눈으로 거리를 계산하는 방법을 익혀야 한다.

④ 짧은 퍼팅은 라이에 관계 없이 깃대를 때려라.

⑤ 퍼팅 연습은 매일 반복하여 자신감을 갖도록 해야 한다. 90%가 연습을 통한 자신감이며 10%만이 기술의 차이라 생각한다.

(9) 볼의 방향

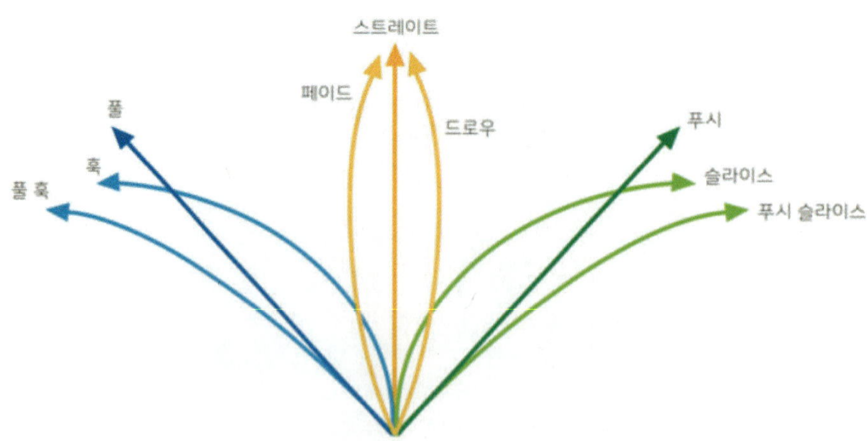

① 풀 : 당겨서 친 것. (왼쪽으로 스트레이트로 날아감)

② 훅 : 부메랑을 던진 것처럼 휘면서 왼쪽으로 날아가는 것

③ 드로우 : 출발 시 거의 직선으로 나가지만 중간쯤에서 왼쪽으로 약간 휘면서 떨어지는 것으로 착지 후 스핀의 영향으로 비거리가 늘어난다.

④ 스트레이트 : 원하는 방향으로 쭉 뻗어 날아가는 것

⑤ 페이트 : 출발 시 거의 직선으로 날아가지만 오른쪽으로 약간 휘면서 떨어지는 것으로 정확한 지점에 떨구는데 좋다.

⑥ 슬라이스 : 부메랑을 던진 것처럼 휘면서 오른쪽으로 날아가는 것

⑦ 푸시 = 밀어 친 것으로 오른쪽으로 똑바로 날아서 나가는 것

3) 체중 이동

체중이동은 백스윙 할 때 오른발에 체중을 충분히 실은 후 다운스윙으로 이어질 때 오른발에서 왼발로 체중을 옮기는 동작을 말한다.

(1) 체중이동의 필요성

파크골프에서 체중 이동은 매우 중요하다. 파크골프의 올바른 체중 이동은 백 스윙에서 오른쪽으로 가고 마지막으로 왼쪽을 가는 순서로 이루어진다.

스윙 동작에 올바른 체중 이동이 잘 진행이 되었다면 지면을 통해 샷에 파워가 더해질 뿐만 아니라 파크골프 공의 일관성과 정확도도 향상된다.

스윙 시 체중 이동을 하는 이유는 첫째, 공을 목표 방향으로 똑바로 보낼 수가 있다. 제자리에서 스윙을 빠르게 하면 스피드는 낼 수 있지만 방향까지 똑바로 가지 않는다. 우측에서 좌측으로 즉 타켓 쪽으로 작은 체중을 이동하는 것으로 스윙이 목표 방향으로 잘 이루어져 공을 똑바로 보낼 수 있는 장점이 있기 때문이다. 둘째, 체중이동을 하면서 공을 타격하면 회전하는 스피드에 같은 힘으로 치더라도 체중이 실리게 되면 팔로만 스윙하는 것보다 많은 비거리를 낼 수 있다. 또한 밸런스가 유지되기 때문에 공을 정확하게 맞출 수가 있다. 스윙 동작 시 올바른 체중 이동은 왼발 앞(테이크 백), 오른발 뒷꿈치(백스윙), 오른발 앞(다운스윙), 왼발 뒷꿈치(피니쉬)와 같으며(사진 참조), 체중 이동할 때는 발 전면에 모든 체중을 싣는 것보다는 발 뒤꿈치에 중심을 두는 것이 좋다.

(2) 유형별 체중 이동

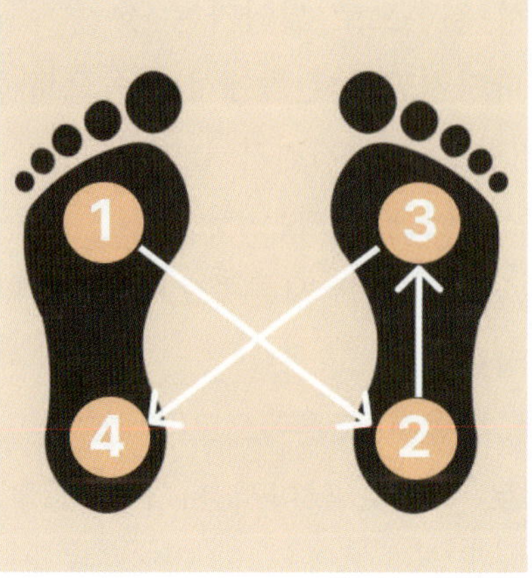

① **테이크 백**
② **백스윙**
③ **다운스윙**
④ **피니쉬**

① 어드레스

체중이동 : 왼발(50%) : 오른발(50%)

편안한 어드레스 상태는 체중 배분 위치도 좌우 균등하다.

② 백스윙(TOP) : 우측 다리로 체중 이동

체중이동 : 왼발(30%) : 오른발(70%)

백스윙을 하는 동안 체중을 뒤발로 옮기면서 하체가 흔들리지 않도록 고정하며 골반과 어깨를 회전시킨다.

즉 우선 허리를 돌리고 나서, 그 후 가슴이 돌아오는 것으로, 오른쪽 고관절 위에 상체가 온다. 이렇게 하면 제대로 체중 이동이 된다.

왼발의 체중 이동이 과하면 스웨이를 초래하기 쉽다. 또한 다운스윙으로의 전환이 어려워진다.

③ 다운스윙 : 좌측 다리로 체중 이동

체중이동 : 왼발(60%) : 오른발(40%)

좌우 3대7에서 4대6으로 이동할 수 있다면, 다운스윙으로 부드럽게 전환된다.

백스윙에서 다운스윙으로 전환할 때 체중을 뒷발 쪽에서 앞발 쪽으로 옮긴다. 백스윙 시 우측 다리로 이동한 체중을 다시 좌측 다리로 이동시킨다.

④ 임팩트

체중이동 : 왼발(70%) : 오른발(30%)

일반적인 가이드라인은 체중의 60%를 앞발에, 40%를 뒷발에 싣도록 권장하고 있다. 엉덩이가 타깃을 향해 열려있고, 어깨는 약간 열리거나 스퀘어가 되도록 유지하여야 한다.

임팩트 힘의 세기는 좌우 7대3가 베스트이며, 오른발 체중 배분의 위치에 주목하여야 한다.

다운스윙 시 좌측 다리로 체중 이동을 시키면서 임팩트를 만들어야 한다. 임팩트 순간에는 체중의 대부분을 앞발에 실어야 한다.

⑤ 팔로우스루 : 균형 유지

체중이동 : 왼발(80%) : 오른발(20%)

스윙이 끝나면 몸의 무게는 좌측 다리로 이동되며 올바른 균형을 유지하여야 한다. 체중 이동을 팔로우스루로 매끄럽게 이어가야 한다. 몸을 완전히 회전하면서 체중을 앞발로 옮기고 앞 발가락으로 마무리한다.

팔로우스루에서 왼발로의 체중 이동이 심하면 스웨이가 생기기 쉽다. 오른발에 파워가 남아 있지 않은 피니쉬에서는 비거리가 나오지 않는다.

④ 피니쉬

체중이동 : 왼발(90%) : 오른발(10%)

피니쉬에서 체중은 왼발로 90%이상 이동되어야 하며, 몸은 역 C 자형을 이루어야 한다.

※ 체중 이동은 몸의 중심축 안에서 일어나야 하며, 과도한 체중 이동은 스윙의 안정성을 떨어뜨린다.

(3) 체중 이동 방법

① 체중이동의 핵심

백스윙 탑이 다 완료된 후 체중 이동이 이루어지는 것이 아니라, 백스윙 탑이 완료되기 전에 왼발 쪽으로 체중 이동이 시작되어야 한다.

② 연습은 과장되게

백스윙 탑까지 체중이 오른발로 옮겨졌다면 다운스윙을 시작할 때는 체중이 왼발 쪽으로 두 배 이상 옮겨가야 한다고 생각하고 과장되게 연습하여야 한다.

③ 백스윙 탑이 80% 정도 진행될 때쯤 왼발 쪽으로 체중 이동을 시작해야 한다.

※ 결론적으로 올바른 체중 이동이란 머리를 고정하고 몸의 중심이 우측 발에서 좌측 발로 옮겨가는 과정이라고 볼 수 있다.

(4) 체중 이동 연습 방법

① 왼발 끝에 수직으로 가상 벽을 세운다.

- 어드레스를 하면서 왼쪽 발 바깥으로 벽이 있다고 가상한다.
- 백스윙 탑에서 우측 발에 80% 체중을 싣고 있다면 다운스윙을 하면서 우측에

서 좌측으로 체중을 80% 이상을 옮긴다.

- 가상의 수직 벽을 세우는 이유는 그 수직 벽을 체중 이동 중심의 한계점으로 보고 그 벽을 가볍게 터치한다는 생각으로 골반을 밀면서 돌려준다.

② 머리 고정

- 벽을 세우고 체중 이동을 하면서 몸의 중심이 이동하는 것이지 머리가 함께 따라가지 않고 머리끝 꼭짓점은 그대로 유지해야 한다.

③ 중심의 높낮이는 변동이 없어야 한다.

체중 이동을 하면서 짚어야 할 포인트는 골반부분과 머리 부분으로 구분할 수 있다.

- 골반이 좌우로 이동하는 것은 사실이지만 머리가 위아래로 움직인다면 올바른 방법이 아니다.
- 체중 이동 시 몸과 머리는 각각 이동을 하고 그 자리에 있지만 위아래로 흔들리면 좋지 않다.
- 몸이 위아래로 움직이면 뒤땅이나 토핑이 발생하여 거리가 현저히 줄어든다.

(5) 체중 이동 잘못되었을 때

① 뒤땅

체중 이동이 잘 이루어지지 않았을 때 흔히 나오는 미스 샷 중의 하나가 뒤땅이다. 오른쪽에 실린 체중이 왼발에 넘어가기 전에 급하게 손이 내려오면 뒤땅을 치게 된다. 또한 임팩트 순간 몸이 뒤로 빠지면서 팔로 공을 치거나 상체가 떨어지는 다운스윙으로 이어지게 되면 슬라이스, 훅, 뒤땅을 치게 된다.

② 탑볼

다운스윙 시 체중 이동이 너무 빨리 이루어지게 되면 공의 윗부분을 치게 된다. 따라서 클럽 헤드가 지면에 가장 낮게 통과되는 위치에 몸의 중심이 위치하도록 체중 이동 타이밍을 맞추는 것이 핵심이다.

5. 핸드퍼스트(Hand-First)

1) 핸드퍼스트

골프 경기에서, 핸드퍼스트(Hand-First)는 어드레스에서 손이 공보다 앞쪽에 있는 것을 말한다. 클럽 헤드가 볼을 임팩트 하는 순간 그립을 한 손이 클럽 헤드보다 목표 지점에 약간 앞쪽에 있는 상태로 볼에 좀 더 강한 임팩트가 발생하기 때문에 의도적으로 핸드 퍼스트를 연습하기도 한다.

공을 띄우는 특별한 샷을 제외하고는 항상 핸드퍼스트를 해야 공을 하향타격으로 칠 수 있다. 핸드퍼스트의 정도는 꼭 정해져 있는 것은 아니다. 어떤 구질의 샷을 할 것인가에 따라 핸드퍼스트의 양이 달라진다.

2) 핸드퍼스트의 필요성

공의 탄도와 발사각 때문에 핸드퍼스트를 해야 한다.

탄도와 발사각은 클럽헤드와 공이 충돌했을 때 공이 얼마나 높게 뜨는가를 말한다.

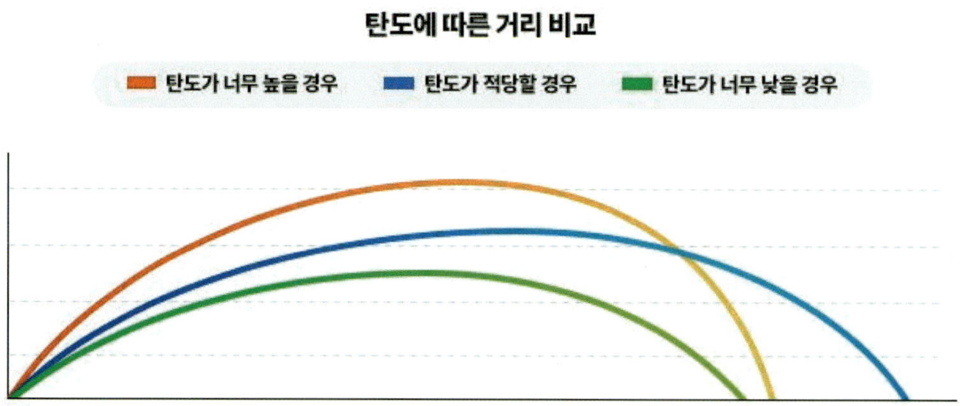

일반 골퍼의 경우 탄도(발사각)에 대해 신경을 쓰지 않는 분들이 많이 있다. 방향이 제대로 나가고 거리가 어느 정도 맞으면 '탄도는 괜찮은 것 같아' 라고 생각을 한다.

하지만 일반 파크골프들 중에서 탄도를 높게 해야 멀리간다고 생각하여 너무 높게 칠려고 한다. 그러나 탄도를 높게 친다고 좋은 것이 아니며 상황에 따라 적절히 탄도를 구사하는 것이 좋다.

파크골프에서의 탄도는 핸드퍼스트에 의하여 구사된다.

파크골프에서 핸드퍼스트 자세를 취하면 공이 뜨지 않는다. 이는 헤드 페이스와 샤프트 사이에 이루고 있는 각과의 연관성 때문이다.
로프트란 클럽의 헤드페이스 각을 말하는데, 로프트 각이 클수록 공은 높게 떠오르며 거리는 짧다.

파크골프클럽의 로프트 각 규격은 0도이기 때문에 핸드퍼스트를 취하면 로프트각은 0도보다 작은 마이너스 각도가 되고 그러면 공이 바닥을 향해 눌려져 맞게 된다. 그렇기 때문에 공을 띄워 보낼려고 하면 핸드퍼스트를 하지 말고 공를 낮게 보내거나 굴려 보낼려고 하면 핸드퍼스트를 해야 한다. 따라서 공을 멀리 보내고 띄워 보낼려고 하는 파크골프를 치시는 분들은 핸드퍼스트가 필요 없다고 한다.

그러나 코스가 좁고 길다면 공을 띄우기보다는 밑으로 깔아치는 것이 방향성에 유리하다.

로프트 각이 없는 파크골프에서는 공이 떠오르는 이유는 바로 손목의 스쿠핑 때문이다. 스쿠핑은 공을 타격할 때 손목 위치보다 헤드가 앞서 나가면서 만들어지는 자세를 말한다. 공을 타격하는 순간의 헤드 페이스 각도가 생기면서 공이 뜨게 된다. 공을 띄우면 지면에 의한 마찰을 줄일 수 있기 때문에 공을 더 멀리 보내고 좋은 것이라고 생각하는 골프분들이 많다.

공을 멀리치기 위해서 띄워 치려고 하는 것은 나쁘지 않으나, 공을 안전하게 치려면 높은 탄도를 포기하고 낮게 깔아서 치는 것이 안전과 OB가 일어날 확률이 적고 유리하다고 생각하기 때문에 핸드퍼스트를 하는 것이 좋다.

골프에서 공을 굴려야겠다고 하면 핸드퍼스트를 하고, 공을 띄워야겠다고 하면 핸드퍼스트를 하지 않으면 된다. 공을 잘 다루는 프로는 핸드퍼스트의 양에 따라서 공의 탄도를 조절할 수 있다. 공을 낮게 치려면 최대한 핸드퍼스트를 유지한 채 임팩트 해야 한다.

러프샷이나 벙커샷, 가랭이샷, 한손샷은 공을 띄울 필요가 없기 때문에 핸드퍼스트가 필요 없다. 그 외 대부분의 샷은 핸드퍼스트가 들어간다. 하지만 원래 공이 안 뜨는 골퍼는 굳이 핸드퍼스트를 할 필요는 없다.

3) 핸드퍼스트 방법

셋업을 할 때 클럽을 몸 중앙에 내려놓고 왼손을 클럽헤드보다 살짝 왼쪽으로 밀면 올바른 핸드퍼스트가 된다.

4) 핸드퍼스트 유지 연습법

① 캐스팅(핸드퍼스트가 풀리는 현상)이 되지 않는 연습하기

스윙 중 임팩트 순간까지 손목을 고정하는 연습을 해야 한다. 임팩트 때 핸드퍼스트를 유지하지 못하고 손목이 빨리 풀리는 것을 캐스팅이라고 한다. 캐스팅을 방지하기 위해서는 클럽을 잡아주는 연습이 효과적이다.

② 손목에서 과도한 굽힘이 생기지 않도록 손목의 움직임을 최소화하여 보다 안정적으로 스윙하는 연습을 해야 한다.

③ 속도를 낮춰 천천히 스윙 연습을 하여 핸드퍼스트 임팩트의 감각을 익힌다.

백스윙 탑에서 다운스윙 들어가면 클럽과 몸이 가까워진다. 클럽 끝을 잡고 골반만 왼쪽으로 돌려서 클럽을 끌고 내려오는 연습을 한다. 이것이 힘들면 손목을 잡고 다운스윙을 유도하는 훈련도 좋다. 이때 클럽 끝이 덮이지 않고 오른쪽을 바라볼 수 있게 내려온다.

제2장
파크골프의 용구 및 시설

제1절 파크골프의 용구

1. 클럽(Club)

파크골프 채는 공을 정확하게 타격하는 데 있어서 핵심적인 역할을 한다. 재질, 길이 플렉스, 무게 등을 고려하여 적합한 채를 선택하는 것은 스윙의 정확성과 일관성에 중요한 영향을 미친다. 따라서 파크골프 채의 선택은 플레이어에게 더욱 자신감을 가지고 스윙할 수 있게 해 줌으로 채의 선택은 매우 중요하다.

- 클럽 헤드 : 나무
- 중량 : 600g 이하, 길이 : 86cm이하
- 샤프트제질 : 카본. 글라스파이버
- 그립 : 가죽, 고무
- 경사각도(로프트)없음

① 클럽 헤드

파크골프채 제작에서 가장 중요한 것은 골프채의 헤드(머리)에 사용되는 목재(wood)이다. 헤드에 사용되는 목재는 미국산 단풍나무(Hard maple)를 가장 많이 사용하고 있으며, 감나무, 흑단원목(Ebony), 로즈우드(Ross wood), 느티나무, 물푸레나무, 자작나무(Bich), 마호가니 등도 사용되고 있다.

또한 톱밥을 합쳐서 만드는 합성 목을 사용하기도 한다.

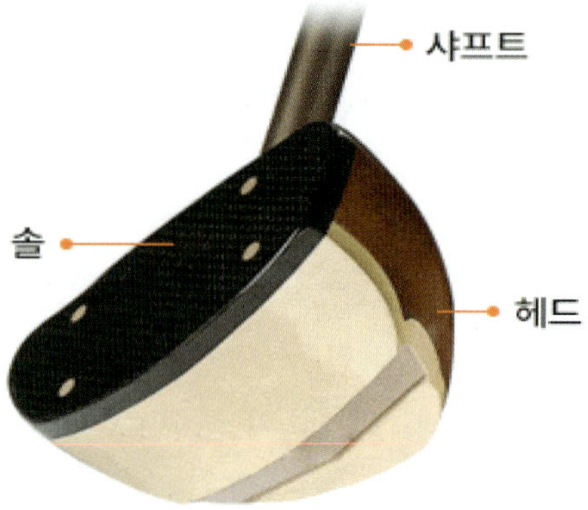

② 샤프트(Shaft)

샤프트는 강도가 중요한데 골프에서는 X(아주강함) > S(강함) > SR(강중) > R(중간) > L(여성용)으로 구분하고 있다.

파크골프에서는 톤수로 표시하는데 숫자가 높을수록 가볍고 탄성력이 좋아 임팩트가 좋아 비거리가 많이 난다.

※ Tip. 톤수란?

일정한 크기로 잡아당겼을 때 버틸 수 있는 강도를 말한다. 40톤에 비해 60톤 샤프트는 탄성이 좋고, 더 가볍다.

③ 그립(Grip)

그립은 파크골프 채를 잡는 부분으로서 소재로는 패턴 실리콘 그립, 실리콘 그립, 고무 그립, 가죽 그립이 있다.

파크골프를 칠 때 채가 헛도는 느낌이나 삐긋 돌아가는 느낌이 들거나 장갑을 껴도 파크골프 채가 미끄럽다고 느끼면 그립을 교체해서 사용하면 된다.

파크골프 채도 주기적으로 그립을 교체해서 사용해야만 정확한 타구와 스피드력을 올릴 수 있다.

④ 헤드와 샤프트의 밸런스

헤드는 원목을 사용하여 제작하는데 원목의 특성상 똑같은 크기라도 무게는 모두 다르다. 원목이 건조되고 숙성되는 과정에서 원목이 건조되고 숙성되는 과정에서 모두 균등하게 될 수는 없어 샤프트의 밸런스를 맞추는 것이 매우 중요하다. 그래서 전문가나 선수들은 개인 맞춤 제작이나 수제작을 선호한다.

밸런스를 잘 맞춘 채를 사용하면 헛스윙 또는 뒤땅치기를 해도 팔꿈치에 전달되는 충격과 진동을 적게 받고 위험부상이 많이 줄어든다. 또한 스윙감과 타격감이 좋다.

⑤ A/S의 중요성

파크골프 채는 원목을 사용하기 때문에 매우 까다롭다. 클럽의 원목은 온도와 습도에 따라 수축 팽창하여 건조나 숙성이 아주 잘된 원목이라도 균열이 생기거나 땅을 치거나 물건에 부딪혀 파손되었을 때 사후관리가 매우 중요하다. 수입한 제품(일본, 중국산)은 본사에 직접 보내어 2~3개월 걸리며, 비용도 높다. 다만 국내 제품은 제조기술이 향상되어 수입 제품의 성능을 능가하고 있으며 가격도 저렴하고 A/S가 편리하여 국산 제품을 추천한다.

〈파크골프 클럽 관리 방법〉

① 헤드의 페이스 면이나 솔 면에 붙어 있는 모래, 흙, 잔디 등이 있으면 건조한 수건으로 깨끗이 닦아주어야 한다.
② 클럽은 더러워져도 절대로 물로 씻지 말고 티슈로 닦아서 사용한다.
③ 비 오는 날과 아침이슬로 인해 물에 젖은 클럽은 반드시 물기를 닦아 주어야 한다.
④ 헤드는 나무로 되어있으므로 물기가 있으면 불어서 형태가 변형이 될 수 있다.
⑤ 물기 있는 곳에서 사용했다면 신문에 싸서 직사광선이 없고 통풍이 잘되는 그늘에서 헤드를 위로 향하게 보관하여야 한다.

클럽의 헤드를 바닥에 대고 체중을 실어서 기대거나 지팡이처럼 짚고 다니면 헤드와 샤프트에 손상이 갈 수 있다.

⑥ 클럽을 차 안에 보관하면 좋지 않다. 여름이 되면 차 안에 온도가 높아 클럽과 샤프트의 접합 부위는 접착제로 붙였기 때문에 접착제가 녹아 분리되는 일이 생길 수도 있다.
⑦ 공은 재질이 합성수지라서 씻어서 사용해도 된다.
⑧ 용구 구매는 세금계산서 및 현금영수증 발행하는 곳에서 구매하여야 하자보수를

받을 수 있다.

⑨ 어쩌다 클럽이 부러지기나 손상이 되었다면 구매한 업체에 수리를 맡기면 깨끗하게 해결이 된다.

2. 공(Ball)

- 공 : 직경 6cm 이하
- 중량 : 80~95g
- 재질 : 플라스틱, 합성수지
- 반발 거리 : 두께 5cm 직경 철판의 높이 100cm 위치에서 떨어뜨려 65cm 이하
- 표면 경도 : 45~60

소리 : 80 데시벨 이상 등 상세 기준이 정해져 있음

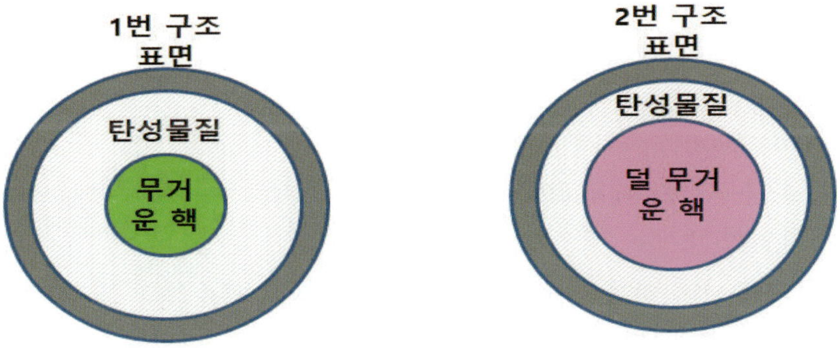

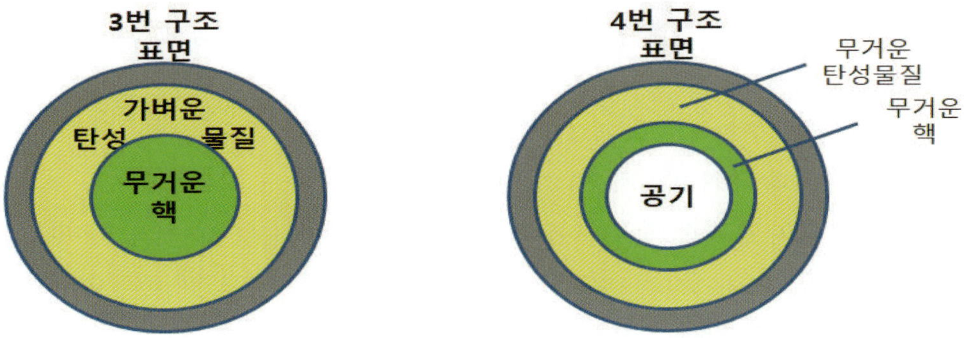

파크골프에서 사용되는 공은 플라스틱으로 만들어진 경량의 공이다. 기존의 골프공과 비교해 크기와 무게가 작으며, 초보자부터 전문가까지 사용하기에 적합하다. 파크골프 공은 다양한 색상으로 제공되어 시각적인 효과를 주며, 장애물과 구분하기 쉽게

디자인되어 있다.

파크골프 공의 선택은 개인의 선호도에 따라 달라질 수 있으며, 크기, 무게 색상 등을 고려하여 자신에게 가장 편하고 잘 맞는 공을 선택하면 된다.

파크골프 공의 구조는 피스(겹수)가 1피스, 2피스, 3피스, 4피스로 나눠진다.

피스(Pcs)구조란 공의 내부를 채우고 있는 특수수지 겹 수를 의미한다.

① 1피스 공(1-Piece Ball)

1피스 공은 가장 기본적인 구조를 가진 공으로, 한 겹으로 단일 소재로 만들어져 있다.

이 공은 플라스틱이나 스폰지 재질로 만들어져 있으며, 내구성이 강하며 경량구조로 만들어 졌다. 1피스 공은 비교적 가격이 저렴하게 제공되기 때문에 경제적이며, 초보자나 레크리에이션 플레이어, 강습용으로 적합하다. 이 공은 스핀제어나 거리감이 상대적으로 낮을 수 있으므로, 고급 수준의 플레이어에게는 적합하지 않을 수 있다.

- 장점 : 내구성이 좋아 오래 사용 가능하다.
- 단점 : 안정감이 매우 떨어지기 때문에 거의 사용하지 않으며, 구하기도 어렵다.

② 2피스 공(2-Piece Ball)

2피스 이상부터는 다층구조로, 내부코어와 커버가 다른 소재로 두 개의 조각으로 이루어진 구조를 가지고 있다.

코어는 내구성과 탄성을 제공하며, 커버는 외부에서의 충격을 흡수하고 공의 비행특성을 안정화 시킨다.

2피스 공은 타격거리와 플라이 감각이 좋아서 큰 비행거리를 제공하며, 스핀제어도 상대적으로 용이하다. 이러한 특징으로 인해 2피스 공은 파크골프 플레이어에게 적합하다.

- 장점 : 내구성과 비거리가 좋고, 가격이 저렴하다.
- 단점 : 타격감이 비교적 딱딱하며, 스핀이 잘 먹지 않아 세밀한 샷을 할 경우 볼 컨트롤이 어렵다.
- 추천 : 여성, 힘이 약하신 분, 비거리를 널리고 싶으신 분

③ 3피스 공(3-Piece Ball)

3피스 공은 2피스 공과 유사한 구조를 가지고 있지만, 코어, 중간 레이어, 커버 세 개의 조각으로 이루어져 있다. 중간 레이어는 스핀 제어와 탄력성을 개선하는 역할을 한다. 3피스 공은 스핀 제어와 타격감이 뛰어나며, 플라이 감각과 거리감이 균형 있게 조절하도록 되어있다. 이 3피스 공은 중급자나 고급플레이어가 사용하기 적합하다.

- 장점 : 타격감이 좋으며, 세밀한 볼 컨트롤이 가능하기 때문에 파크골퍼들이 많이 사용한다.
- 단점 : 2피스에 비해 비거리가 적으며, 가격이 비싸다.
- 추천 : 파크골프의 중·상급자들에 적합하다.

④ 4피스 공(4-Piece Ball)

4피스 공은 가장 복잡한 구조를 가지고 있으며, 코어, 중간 레이어, 1차 커버, 2차 커버까지 네 개의 조각으로 구성되어 있다. 각 조각들은 다른 재료와 특성을 가지고 있어서 공의 탄성, 스핀제어, 거리감 등을 조절할 수 있다. 4피스 공은 고급 플레이어나 경기 중 스핀 조절이 필요한 상황에서 많이 이용한다. 이 공은 높은 탄성과 스핀제어를 제공하므로 정밀한 샷을 가능하게 한다.

- 장점 : 겹 수가 많기 때문에 세밀한 컨트롤이 가능하고, 방향성이 가장 좋다.
- 단점 : 비거리가 적고, 가격이 비싸다는 단점이 있으며, 컨트롤이 어렵기 때문에 초보자는 방향성을 잡기 어렵다.
- 추천 : 최소 구력이 1년 이상 되는 중·상급 이상의 파크골퍼들이 사용하는 것이 좋다.

따라서 다양한 피스의 파크골프 공은 플레이어의 요구에 따라 선택할 수 있다. 공의 피스는 스핀, 탄력성, 거리감, 타격감, 환경 등에 영향을 미치므로, 상황에 따라 다양한 파크골프 공을 사용해 보아야 한다. 그리고 자신에게 가장 잘 맞고 용도에 맞는 공을 선택하는 것이 매우 중요하다.

3. 티(Tee)

- 제질 : 고무, 라바 또는 연질인 것
- 높이 2.3cm 이하
- 티는 볼을 올려놓은 상태에서 티의 밑면에서의 볼의 높이는 8mm를 넘어서는 안 된다.
- 티잉 그라운드에서만 사용

4. 마크(Mark)

- 재질 : 플라스틱, 철, 동전 등
- 자신의 공이 상대방의 타구에 방해가 될 경우 공이 있던 자리에 표시
- 경기 도중에 공의 위치 표시

5. 볼 파우치(Ball Pouch)

예비 공, 스코어 카드, 개인 티 등을 소지하는데 사용

6. 장갑(Gloves)

손을 보호하거나 추위를 막거나 미끄러움을 방지하기 위하여 손에 착용

7. 볼 집게

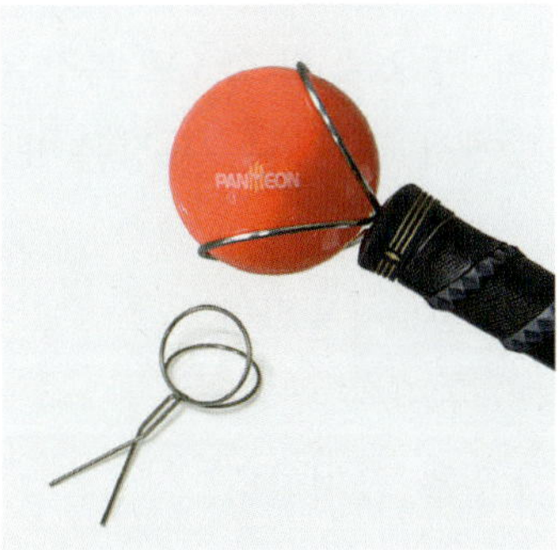

홀 또는 손으로 집기 힘든 공을 집기 위해 사용

8. 가방(Bag)

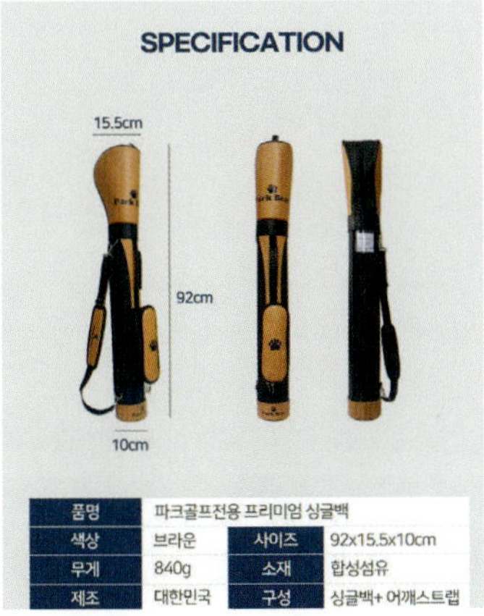

파크골프 채, 공 등을 넣는 가방

9. 복장

파크골프와 일반골프는 규칙, 복장, 그리고 다른 측면에서 많은 유사성을 가지고 있다. 일반골프에서처럼 실력 있는 선수들이 팬들에게 많은 인기를 끄는 것과 마찬가지로, 여성 골프들 역시 패션을 통해 많은 팬들의 관심을 받는 경우가 흔히 있다. 이는 골프 패션의 중요성을 강조하며, 골프의 중요성을 더욱 풍부하게 만드는 요소 중의 하나이다.

과거에는 여성 골프복에는 귀부인들이 품위를 지키기 위해서 많은 제약 사항이 있었다. 19세기 후반까지 여성들은 무도회장에서 입은 것과 유사한 스타일의 코르셋과 긴치마를 입고 골프를 쳤다. 그러나 1933년 영국의 한 골프대회에서 한 여성 골프가 바지를 입고 출전하면서 패션의 변화가 시작되었다. 그 후 2000년대에 들어와서는 고명도이고 고채도의 밝고 선명한 색상의 옷부터 레깅스, 자외선 차단 언더웨어에 폴로셔츠와 같은 다양한 변화가 이루어 져왔다. 이에 따라 앞으로 파크골프 복장은 지속적으로 변화와 혁신을 겪을 것으로 예상된다. 파크골프에서 권장되는 복장은 모자, 신발, 장갑, 운동복 등으로 이루어져 있다.

① 모자 : 머리보호와 햇빛 차단으로 피부보호 목적으로 사용한다.
(얼굴 전체를 가리는 햇빛 가리개는 제한)

② 신발 : 골프화 또는 운동화 착용하며, 등산화 착용을 금지한다.

③ 장갑 : 스윙 시 미끄럼 방지용

④ 운동복 : 파크골프의 운동복은 크게 규제하지는 않지만 남자의 경우 반바지 착용을 금지한다.

제2절 파크골프의 시설

1. 코스의 명칭

코스 명칭

1) 코스(Couse)

경기가 허용되는 구역을 말하며 9개 홀 단위로 구성된 구역을 말한다.

2) 티잉그라운드(Teeing Ground), 티그라운드(Tee Ground), 티잉구역(Teeing Area)

티잉그라운드(Teeing Ground)란 말 그대로 한 경기자가 홀마다 티 샷을 하여 플레이를 시작하는 구역이다.

티잉그라운드(Teeing Ground)를 티그라운드(Tee Ground), 티잉구역(Teeing Area)이라고 쓰고 있으며, 골프에서는 예전에는 티잉 그라운드라는 용어를 썼으나 2019년 개정된 룰에 의해 티잉 구역으로 변경됐다.

3) 페어웨이(Fairway)

페어웨이는 티(tee)에서부터 목표점인 그린(green:깃대)방향으로 공이 잘 굴러가도록 유도하는 길이며, 통상 잔디는 30mm 정도 길이로 유지되고, 그 폭은 3m 이상인 잘 다듬어진 잔디 구역을 말한다.

4) 러프(Rough)

러프란 파크골프에서 설계를 할 때 난이도를 높이기 위해 의도적으로 만들거나 그 지역의 특성에 의해 자연스럽게 만들어진 페어웨이 주변의 잔디나 풀이 길거나 나무가 있는 정비되지 않은 지역을 말하며 잔디 길이는 50mm 이상이며, 러프는 벌타가 없고 공이 있는 그 자리에서 샷을 하면 된다.

5) 벙커

벙커는 페어웨이 또는 그린 주변에 난이도를 높여주기 위한 시설물로 설치되어 있으며, 벙커 내에는 모래가 채워진다. 종류는 그린벙커, 사이드 벙커, 크로스 벙커가 있다.

※ 참고 : 골프코스에서의 헤저드는 코스 안에 설치한 모래밭 · 연못 · 웅덩이 · 개울 따위의 어려운 장애물을 의미하며 크게 두 가지로 나누어져 있다. 하나는 워터 헤저드 즉, 호수나 강을 의미하며, 또 하나는 벙커와 같은 곳을 통틀어 헤저드라고 하였다. 하지만 헤저드의 종류에서 이제 '모래밭'은 포함하지 않는다. 이유는 2019년 1월 1일에 골프 룰이 대대적으로 변경되었기 때문에 우리가 흔히 부르던 헤저드라는 명칭은 '페널티 구역'으로 바뀌고 벙커는 그대로 벙커로 남았다.

즉 페널티 구역은 '바다 · 호수 · 연못 · 강 · 도랑 · 지표면의 배수로 · 하천을 포함한 코스 상의 모든 수역과 위원회가 페널티 구역으로 규정한 코스의 모든 부분'을 말한다.

캐주얼 워터(Casual water)는 구제 대상이 되는 일시적 웅덩이로 동반자의 확인을 받아 공이 정지된 지점에서 캐주얼 워터 밖에 공이 정지된 지점보다 홀컵에 가깝지 않고 스탠스와 스트로크가 가능한 가까운 지점에 공을 놓고 샷을 하면 된다.

■ 패널티구역에 빠졌을 때 샷에 대해 살펴보면

① 헤저드에 빠진 것은 드롭하지 않고 공이 정지지점에서 샷을 하면 무벌타로 치면 된다.

② 2벌타를 받고 입수 지점에서 홀과 가깝지 않는 지점으로 2클럽 내 드롭하고 플레이한다.

6) 도그 레그(Dog lag)

개의 뒷다리처럼 오른쪽이나 왼쪽으로 굽어져 있는 것이나 직진형이 아닌 굽혀져 있는 상태의 홀을 말한다.

2. 파크골프의 시설물

1) 클럽하우스

파크골프장에 이용자들이 도착하면 처음 접하는 시설로, 운동순서 확인, 용구 대여, 환복, 휴식 공간 등을 제공하는 곳이다. 또한 음료수 또는 간단한 음식을 판매하는 곳도 있는데 아직 국내 파크골프장의 경우 클럽하우스를 제대로 갖춘 곳이 많지는 않다. 대부분 컨테이너 박스를 가져다 놓거나 비닐하우스 또는 몽골텐트를 쳐 놓아 휴게공간을 마련한 곳이 많다. 최근 조성되는 파크골프장들은 클럽하우스부터 시작하여 기반 시설을 갖추어 가고 있다.

2) 안전망

티잉 그라운드와 다른 홀의 그린 또는 페어웨이가 근접해 있어서 경기자 상호간의 안전 확보를 위하여 필요한 장소에 설치하는 망을 말한다.

3) 배수구

코스 내 우천 시 배수를 위하여 설치한 고정 장애물로써 공이 배수구 위에 안착되어 다음 샷에 제한을 받게 되므로 무 벌타로 구제를 받는다.

4) 깃대(Pin)

그린 위의 홀컵에 꽂혀 있는 고정설치물로써 해당 홀의 최종 목표지점을 알려주는데 길이는 2~2.5m이며 깃발의 숫자는 1~9번이 적혀있어 몇 번째 홀인지를 표시하며 깃대를 뽑거나 옮기면 2벌타가 부여된다.

5) 홀컵

그린에서 지면 1cm 아래로 설치한 고정 설치물로써 해당 홀에서 최종적으로 공을 넣는 지름 20cm의 원통을 말한다.

6) OB(Out of bound) 말뚝과 OB 존

OB말뚝은 홀마다 20~30m 간격으로 OB 말뚝을 좌-우측과 그린 주변의 필요한 위치에 꽂아서 홀의 영역을 알려주는 경계 표식물이다. OB말뚝의 크기는 지름 4cm, 길이 40cm이다.

각 코스에서 OB말뚝을 벗어나면 OB가 되며 OB존의 경우 코스 내 수목, 간이시설 보호와 난이도를 부여하기 위해 4~5개의 OB 말뚝을 꽂아두어 공이 들어가면 경기가 불가한 구역임을 알려주는 구역을 말하며 OB가 되면 2벌타가 부여된다.

▶ OB말뚝은 3가지가 있다.

흰색 말뚝과 흰색에 파란색 띠를 두른 파란 말뚝, 흰색에 붉은색 띠를 두른 빨간 말뚝이 있다. 흰색 말뚝은 흰색 말뚝을 벗어나더라도 최종적으로 OB말뚝 또는 OB존 내에 들어오면 OB로 보지 않고 벌타를 적용하지 않는다. 빨간 말뚝은 공이 빨간 말뚝의 안쪽으로 굴러가야만 OB적용을 받지 않는다.(주로 도그레그에 많이 있다.)

7) 순서 뽑기

1번 홀 주변에 비치한 설치물로 팀의 순서와 조원끼리 티 샷하는 순서를 정하는데 사용한다.

8) 티 박스

티 박스는 각 홀의 시작하는 장소에 설치되어 있는 설치물로서 경기자가 각홀마다 티 샷으로 플레이를 시작하는 구역이다. 사각 박스는 가로, 세로 1.5m × 1.5m 이다.

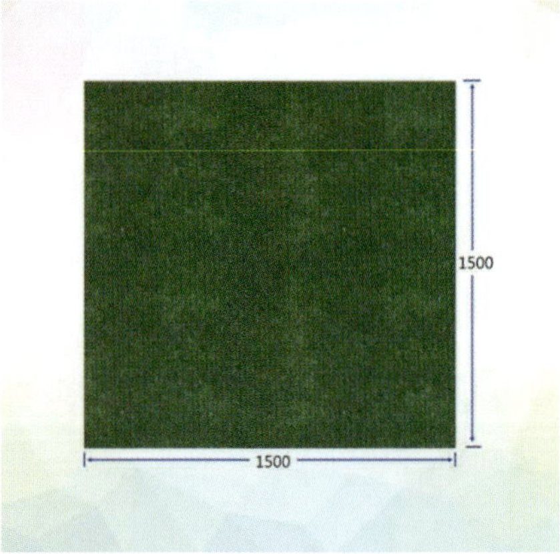

9) 홀 표지판

각 홀마다 티잉그라운드 주변에 해당 홀의 기본 재원을 제시하는 표지물로서 무슨 코스인지, 몇 번째 홀인지와 기준 타수, 그리고 길이가 몇 m인지를 알려준다.

※ 홀 표지판 : C코스 1번째 홀, 파4이며, 거리는 85m라는 뜻이다.

10) 공거치대

1번 홀 주변에 비치한 설치물로써 조장이 자신의 공을 올려놓고 대기하는 조의 진입하는 순서를 확인하는데 사용한다.

11) 티(Tee)

한 경기자가 티 박스 위에서 샷을 할 때 공을 티(2.3cm이하) 위에 올려놓고 샷을 하여야 한다.

제3장
파크골프의 경기 및 규칙

제1절 파크골프의 경기방식

1. 경기방식

1) 스트로크 플레이(Stroke play)방식

정해진 수의 홀을 라운더 한 후 총타수의 합으로 승자를 가리는 방식으로 총 타수의 합이 가장 적은 자가 우승자가 된다.

개인마다 실력 차이가 있는 경우 핸디캡을 줄 수 있다.

2) 매치 플레이(Match play)방식

각 홀마다 타수의 많고 적음에 따라 승부를 겨루어 이긴 홀이 많은 자를 승자로 하는 방식이다.

많은 사람이 참가할 경우 시간이 너무 많이 걸리기 때문에 대부분 스트로크플레이 방식으로 이루어진다.

3) 샷 건(Shot gun)방식

경기 참가자들은 18홀에 분산 배치하여 신호(총성)로 18홀 전체에서 동시에 경기를 진행하는 방식이다.

2. 경쟁방식

1) 쓰리 볼(Three ball)방식

3명이 1 : 2로 팀을 나누어 3개의 공으로 경기 후 각 팀별로 스코어가 좋은 사람과 홀 별로 승부를 겨루는 경기방법이다.

2) 포 볼(Fourball)방식

4명이 2 : 2로 팀을 나누어 4개의 공으로 각자 공을 치는 방식으로 홀 별로 한 팀의 두 사람 중 성적이 더 좋은 사람의 성적만 인정한다.

3) 쓰리 썸(Threesomes)방식

3명이 1 : 2로 팀을 갈라 1명은 자기 볼을 치고 2명의 팀은 1개의 볼을 교대로 샷을 하는 방식이다.

4) 포 섬(Foursomes)방식

4명이 2 : 2로 팀을 갈라서 각 팀이 1개의 공을 교대로 샷을 하는 경기로 A와 B가 한조로 이루었을 경우 A는 티샷을 하고 세컨드 샷은 B가 치면서 홀 아웃하고 다음 홀의 티샷은 B가 치는 방식이다. 각 팀을 남녀로 구성하여 플레이하는 방식을 믹스드 포섬(Mixed-Foursomes)이라고 한다.

5) 베스트 볼(Best ball)방식

4명이 2 : 2로 팀을 나누어 각자 자기 공을 티샷을 하고서 좋은 공 1개씩을 선택하여 이후 포섬방식으로 경기한다.

3. 동타 일 경우 경기방식

1) 서든 데스(Sudden death)경기방식

파크골프에서 2명 이상의 선수들이 스트로크 플레이를 할 때 마지막 라운드에서 동점이 되면 지정된 서든데스 라운드가 시작된다. 그 중 1명이 경쟁자들 보다 적은 타수로 홀을 마칠 때 까지 연장전은 계속된다.

2) 백 카운트(Back count)경기방식

동 타인 경우 경기를 하지 않고 스코어카드 기록에 의해 최종 9개 홀 총탕 수 비교, 최종 9번 홀에서 6개 홀 총 타 수 비교, 최종 9번 홀에서 3개 홀 총 타수 비교, 최종 9번 홀 타수 순으로 비교하여 순위를 결정하는 방식이다. 이때 샷 건방식일 경우는 대회 요강에 명시하여 D, C, B, A 코스 순으로 총 타수를 비교하여 순위를 결정하는 방식이다.

4. 기타 게임방식

스킨스 게임, 라스베가스, 블리인드 라스베가스, OECD(경제협력개발기구), 스크라치 플레이 등의 방식이 있다.

제2절 파크골프 경기

1. 파크골프의 경기 전

1) 준비운동

(1) 준비운동의 목적

① 준비운동은 체온을 올려서(몸을 풀어서) 몸을 부드럽게 하여 운동효과를 충분히 올릴 수 있는 심신 상태를 만드는 데 목적이 있다.

② 체온을 올리면 몸의 활성도가 높아져서 관절근육의 부상을 방지한다.

③ 운동 시작 전 약 5분 정도 실시한다.

(2) 준비운동의 순서

① 한쪽 팔을 쭉 펴고 반대 팔로 당겨주기(좌, 우)

② 한쪽 팔을 머리 위로 구부려 반대 팔로 눌러주기(좌, 우)

③ 양손을 깍지를 끼고 뒤틀어서 뻗고 최대한 위로 늘리기

④ 양손을 뻗고 상체 옆으로 기울이기(좌, 우)

⑤ 깍지 낀 팔과 함께 상체 숙이기

⑥ 양손 엄지손가락으로 목 뒤로 젖혀 들기

⑦ 한 손으로 서서히 머리 당겨주기(좌, 우)

⑧ 양 손으로 무릎 잡고 어깨 비틀기(좌, 우)

⑨ 한 손으로 발끝 잡고 뒤로 당겨주기(좌, 우)

⑩ 손목을 돌리거나 흔들어 주기(좌, 우)

⑪ 발목 돌리기(좌, 우)

2) 안전수칙

① 교육을 수료하지 않은 초보자는 운동을 통제한다.

② 운동 전 준비운동과 운동 후 정리운동을 반드시 한다(근육파열 예방).

③ 동반자의 샷 위험 반경에서 벗어난다(항상 2m밖에 위치).

④ 샷을 한 후에 앞으로 나가지 않는다(항상 2m 뒤에 위치).

⑤ 샷을 할 때 앞 팀이 다음 홀로 이동한 것을 확인한 후 샷을 한다.

⑥ OB볼을 찾기 위해 다른 홀 진입 시 반드시 좌, 우 확인 후 진입한다(사고 예방).

⑦ 페어웨이에서 연습 샷은 금지한다(동반자 손상 위험).

⑧ 샷이 잘못 맞아 엉뚱하게 날아가 위험하면 즉시 큰 소리로 경고성 문구를 날린다.

⑨ 볼에 맞아 타박상이 발생 시 냉찜질 등 응급조치 후 상황에 따라 119로 신고 등 후속 조치를 한다.

⑩ 어지럼, 구토증세 시 그늘로 이동시키고, 체온을 낮추도록 상의를 탈의하고 물찜질 등을 하고 심하면 119로 신고한다.

3) 에티켓(매너)등

① 파크골프는 골프에서 유래된 운동으로 에티켓은 동일하나 골프보다 좁은 공간에서 더 많은 팀들과 접촉을 하게 되므로 동반자와 다른 팀 간의 에티켓은 매우 중요하다.

② 3~4명이 조를 편성하여 운동을 하며, 배려하는 마음이 중요하다.

③ 꼭 지켜야 할 매너(에티켓)

ⓐ 파크골프에 맞는 복장을 착용한다〔모자, 볼 마커, 운동복, 운동화, 볼 포켓(파우치), 예비 공, 스코어 카드 및 펜, 개인 티〕.

ⓑ 동반자가 샷이나 퍼팅 동작 시 정숙 유지하기

ⓒ 속이지 말 것(타수, OB, 마크, 스코어 카드 기록)

ⓓ 샷 순서를 지킬 것(티샷, 페어웨이 샷, 퍼팅)

ⓔ 샷, 퍼팅 후에는 신속히 다음 홀로 이동하여 기록 할 것

ⓕ 경기 중 고성방가나 앞지르기 금지할 것

ⓖ 규칙을 준수할 것(OB 처치, 언플레이어블 선언, 장애물 처리, 퍼팅라인 수정 등)

ⓗ 퍼팅 라인 밟지 말 것

ⓘ 앞 팀이 경기를 하고 있는데 빨리하라고 종용하지 말 것

4) 스코어 카드 기록

① 경기자는 "이름과 ○번째 샷을 하겠습니다."라고 말을 하고 샷을 한다.

② 스코어 카드는 서명 밑에 칸 좌측에 正로 기록하고 컵인 후에 최종 타수를 기록한다.

③ 경기자 각자가 기록하는 것을 원칙으로 하며, 편의상 팀장이 기록할 수도 있다. 단, 기록(진행)요원 또는 심판이 있는 경우에는 진행요원 등이 기록한다.

④ 경기 종료 후 누계 타수를 합산하여 제일 적은 타수 순서대로 순위를 결정한다.

⑤ 경기 전에 동 타수인 경우의 순위 결정 방식을 정한다.

ⓐ 서든데스 방식 : 지정된 홀에서 연장전 시행(니어 방식, 니어핀 방식 등)

ⓑ 백 카운트 방식 : 후반부(18홀 경우) 9개 홀 총 타수 비교→9번 홀부터 6개 홀 또는 3개 홀 총 타수 비교 → 마지막 홀부터 역순으로 비교 등

⑥ 경기자는 총 타수 합산을 상호 비교하고 동반자가 전원 서명 후 제출한다.

스코어 카드

A코스

코스	거리	Par	홍길동	임꺽정	장보고	이순신
1	43	3	3	3	3	4
2	97	5	5	6	7	8
3	43	3	2	3	3	4
4	53	3	3	3	4	5
5	57	4	4	3	5	5
6	58	4	3	3	4	5
7	71	4	4	4	5	5
8	36	3	5	5	3	5
9	71	4	3	3	4	5
A	529	33	33	31	38	45
B	487	33	28	30	36	40
합계	1,016	66	61	61	74	85
서명						

B코스

코스	거리	Par	홍길동	임꺽정	장보고	이순신
1	40	3				
2	99	5				
3	36	3				
4	45	3				
5	58	4				
6	41	3				
7	70	4				
8	33	3				
9	65	4				
B	487	33				

5) 스코어(Score)별 명칭

	파3	파4	파5
1타	Eagle(이글)	Albatross(알바트로스)	Condor(콘도르)
2타	Birdie(버디)	Eagle(이글)	Albatross(알바트로스)
3타	Par(파)	Birdie(버디)	Eagle(이글)
4타	Bogey(보기)	Par(파)	Birdie(버디)
5타	Double bogey(더블 보기)	Bogey(보기)	Par(파)
6타	Double par(더블 파)	Double bogey(더블 보기)	Bogey(보기)
7타		Triple bogey(트리플 보기)	Double bogey(더블 보기)
8타		ouble par(더블 파)	Triple bogey(트리플 보기)
9타			Quadruplet bogey (쿼드러플 보기)
10타			ouble par(더블 파)

- 파(Par) : 특정 홀에 지정된 스트로크 숫자와 같게 홀 아웃(hole out)하는 스코어
- 버디(Birdie) : 홀의 파 스코어보다 한타(-1) 적게 사용하여 홀 아웃(hole out)하는 스코어(예 : 파 5홀에서 4번 스트로크만에 홀 아웃한 경우)
- 이글(Eagle) : 홀의 파 스코어보다 한타(-2) 적게 사용하여 홀 아웃(hole out)하는 스코어(예 : 파 5홀에서 3번 스트로크만에 홀 아웃한 경우)
- 알바트로스(Albatross) : 홀의 파 스코어보다 한타(-3) 적게 사용하여 홀 아웃(hole out)하는 스코어(예 : 파 5홀에서 2번 스트로크만에 홀 아웃한 경우)
- 보기(Bogey) : 홀의 파 스코어보다 한타(+1) 많게 사용하여 홀 아웃(hole out)하는 스코어(예 : 파 5홀에서 6번 스트로크만에 홀 아웃한 경우)
- 더블보기(Double bogey) : 홀의 파 스코어보다 한타(+2) 많게 사용하여 홀 아웃(hole out)하는 스코어(예 : 파 5홀에서 7번 스트로크만에 홀 아웃한 경우)
- 트리플보기(Triple bogey) : 홀의 파 스코어보다 한타(+3) 많게 사용하여 홀 아웃(hole out)하는 스코어(예 : 파 5홀에서 8번 스트로크만에 홀 아웃한 경우)
- 쿼트리플보기(Triple bogey) : 홀의 파 스코어보다 한타(+4) 많게 사용하여 홀 아웃(hole out)하는 스코어(예 : 파 5홀에서 9번 스트로크만에 홀 아웃한 경우)
- 더블파(Double par) : 홀의 파 스코어보다 2배 많게 사용하여 홀 아웃(hole out)하는 스코어(예 : 파 5홀에서 10번 스트로크만에 홀 아웃한 경우)

※ 골프 18홀의 경우 기준타수인 72타보다 아래의 점수를 기록하면 언더파(Under par), 72타를 기록하면 이븐파(Even par), 72타 이상을 기록하면 오버파(Over par)라고 한다.

파크골프 경우 18홀의 기준 타수는 66타이므로 66타를 기록하면 이븐파, 66타 이상이면 오버파, 그 이하이면 언더파이다.

2. 파크골프 경기 진행

1) 경기 진행 전

(1) 구장 입장

① 일반 골프처럼 사전 예약은 필요 없다.

② 동반자 없이 혼자서도 가능하다(구장마다 운영 규칙이 다른데 보통 3명 4명을 한 팀을 이루어 치도록 한다).

③ 타 구장의 경우 라운딩 가능 여부를 확인 후 예약 방문하는 것이 좋다.

④ 클럽하우스 방문하여 입장료 및 클럽 대여료 등을 지급하거나 출입증을 발급 받은 후 라운딩을 한다.

(2) 경기 준비

① 준비운동을 한다.

② 팀을 구성한다.

③ 경기방식을 정한다.

④ 순서 뽑기 또는 가위, 바위, 보로 순서를 정한다.

2) 경기 진행

(1) 티잉 구역

① 티잉 구역 내에서 티에 공을 올려놓고 순서대로 티샷을 한다.

② 티샷의 안전 구역 내(2m 이내)에 들어가지 않는다.

③ 티샷을 할 때 움직이거나 절대 정숙한다.

④ 티샷의 경우는 동반자에게 마크를 요구 할 수 없다.

⑤ 티샷을 준비 중 잘못하여 공을 건드려 티(Tee) 아래로 굴러 떨어졌을 경우 공이 티 박스 아래로 떨어지지 않았다면 공을 티 위에 올려놓고 치면 된다.

단, 공이 티 박스 밖으로 벗어났다면 1타를 친 것으로 보고 그 자리에서 샷을 하면 된다.

(2) 페어웨이 지역

① 동반자 모두 티샷이 끝나면 속보로 이동하며, 공을 치는 순서는 깃대로부터 먼 공부터 샷을 한다. 이때 동반자들은 샷 하는 공보다 먼저 앞으로 나가지 않도록 한다.

② 비슷한 위치에 공이 있을 경우 상호 간에 순서를 정하여 샷을 한다. 러프나 OB 지역에 있는 경우에는 우선 배려하는 것이 좋다.

③ 동반자의 공이 목표 방향에 놓여 있을 때 마크를 요구할 수 있다. 단, 20m이상 거리가 떨어진 경우에는 요구할 수 없다.

④ 마크 요령은 깃대 방향에서 볼 뒤에 마크를 놓고 볼을 집어 든다. 공을 놓을 때는 역순으로 하면 된다. 마크를 할 때 앞의 순서를 위반 시에는 2벌타를 부여한다.

⑤ 경기자의 공이 동반자의 공을 맞춘 경우에 경기자의 공은 안착된 곳에서 샷을

하고 경기자는 동반자의 공을 맞춘 지점으로 원위치 시켜야 한다.

(3) 러프 지역

① 공이 긴 풀에 놓인 경우 주변의 풀을 누르거나 뽑는 행위를 하지 못한다.(이 경우 2벌타를 부여한다.)

② 샷이 불가능할 시는 언플레이어블을 경기자 본인이 선언하고 동반자 확인 후에 2클럽 이내에서 홀 컵과 가깝지 않은 곳에 볼을 놓고 샷을 한다.(이 경우 2벌타를 부여한다.)

③ 공을 못 찾게 되면 경기자 본인이 분실구를 선언하고 동반자 확인 후에 분실된 지점에서 2클럽 이내의 홀컵과 가깝지 않은 곳에 볼을 놓고 샷을 한다.(이 경우 2벌타를 부여한다.)

(4) OB 지역

① 모든 OB는 2벌타 부과한다.

② OB 판정은 공이 안착된 지점의 상방 수직 방향에서 보아 OB 라인 또는 연장선을 벗어난 경우 OB로 판정한다.

③ 그린 주변에 OB 라인이 설치된 경우에는 첫 번째 말뚝과 두 번째 OB 말뚝 연장선에 수직 방향 가상선에서 벗어난 경우 OB로 판정한다.

④ 공이 OB선 상에 놓여 있으면 OB로 판정하지 않는다.

⑤ OB 처치는 경기자 본인이 OB를 선언하고 동반자의 확인 후에 OB 라인을 벗어난 지점에서 깃대와 수직 방향에 서서 양팔을 벌려 좌, 우측으로 2클럽 이내의 샷을 하기 좋은 지점에 공을 놓고 샷을 한다.

⑥ 이때 깃대와 수직 방향보다 앞으로 나가거나 2클럽 이내를 벗어난 경우는 2벌타를 부여 한다.

⑦ 동반자는 주변에서 경기자의 판정을 확인해 주고 처치하는 것을 보면서 기다려 주어야 한다.

(5) 그린 지역

① 깃대는 뽑지 않고 홀컵에서 먼 사람 순으로 OK 없이 컵인 할 때까지 시도한다(로컬룰로 더블파 적용이 있는 경우는 예외).

② 홀 컵에서 2클럽 이내에 공이 위치한 경우 동반자에게 알리고 마크 또는 먼저

컵 인을 하도록 하거나 그대로 두고 샷을 할 수 있다.

③ 그린에서 마크를 요구하는 경우에는 깃대 방향에서 볼 뒤에 마크를 놓고 볼을 집어 든다. 공을 놓을 때는 역순으로 하면 된다(마크 순서 위반 시는 2벌타 적용한다).

④ 상대방이 퍼팅을 할 때 움직이는 것을 자제하여야 하며 정숙해야 한다.

⑤ 상대방이 퍼팅을 할 경우 그림자를 드리우거나 퍼팅 라인을 밟지 말아야 한다.

⑥ 경기자 전원이 홀 아웃 할 때까지 기다리며, 모두가 홀 아웃되면 다음 코스로 이동한다.

⑦ 동반자 중 한 사람이 전원이 홀 아웃하면 스코어 카드를 기록한다.

⑧ 정확한 기록을 위해 자신의 몇 번째 샷인지 말하고 치는 것이 좋다.
(예, "홍길동 2번째 샷을 하겠습니다.")

⑨ 스코어 카드를 기록하는 사람은 동반자에게 기록 결과를 확인시켜 준다.
뒤에 따라오는 팀에게 손을 들어서 홀 아웃 되었음을 알려준다.

⑩ 동반자 등과 함께 신속하게 다음 홀로 이동한다.

⑪ 다음 홀로 이동할 때 안전에 유의하면서 이동하되 그린, 벙커 등을 밟지 말아야 한다.

(6) 경기 종료

① 9개 홀을 기준으로 각자가 동반자 모두를 기록하고 누계 타수를 정리하여 순위를 비교한다.

② 18홀 기준으로 순위를 결정하는 경우에는 9홀의 누계 타수를 합산하여 제일 적은 타수 순서대로 순위를 결정한다.

③ 동 타인 경우에는 경기 요강에 따라 서든데스 또는 백 카운터 방식으로 순위를 결정한다(전국 규모 대회는 서든데스 방식을 적용).

④ 서든데스 방식은 지정된 홀에서 연장전을 치루는 것을 말하며, 백카운터 방식은 스코어 카드에 기록된 타수를 기준으로 후반부 9개 홀 총 타수 비교, 9번 홀부터 6개 홀 총 타수 비교, 9번 홀부터 3개 홀 총 타수 비교, 전반 9번홀 타수를 비교하는 방식이다.

⑤ 이때 샷 건 방식으로 후반부 홀 판단이 어려운 경우는 B홀 총 타수 합산하여 비교한다. A홀 총 타수 합산비교, B홀 9번부터 1번 홀 순으로 타수를 비교하여 순위를 결정할 수 있다.

⑥ 샷 건 방식에서 동타 시 순위 결정 방식은 대회 요강에 명확히 제시되어야 한다.
⑦ 총 타수 합산을 상호 비교하고 이상이 없으면, 동반자 전원 서명 후에 본부석에 제출한다.

3) 경기 후

(1) 정리운동의 목적

① 스포츠 활동에 의해서 높여진 심신의 흥분을 가라앉히고 피로 회복을 목적으로 한다.
② 가벼운 전신 운동을 한다는 것은 혈액이나 림프액의 환류를 촉진하고 축적한 피로 물질인 초성 포도산이나 젖산 같은 대사산물을 배제하기 위함이다. 즉, 피로 회복을 촉진하는데 있다.

(2) 정리운동 순서

① 어깨 좌, 우 두드리기
② 몸통 좌, 우 두드리기
③ 팔 좌, 우 두드리기
④ 단전 좌, 우 두드리기
⑤ 양손 모두 어깨 잡고 좌, 우 돌리기
⑥ 뒷꿈치 들고 내리기
⑦ 숨쉬기(양팔 들어 숨 들이 마시고 내리며 내 쉼)

제3절 파크골프 규칙

1. 파크골프협회 경기 규칙

제정 2008. 12. 05.
개정 2018. 06. 15.
개정 2019. 01. 30.
개정 2021. 09. 15.

제1장 에티켓

제1조 파크골프 경기의 기본정신 파크골프 경기는 다른 경기자들을 배려하고 스스로 규칙을 준수하는 경기자의 성실성 여하에 달려 있다. 따라서 모든 경기자는 경기하는 방법에 관계 없이 언제나 규칙에 따라 스스로 절제된 태도로 공정한 행동을 하고 동반자에게 예의를 지켜야 한다. 이것이 파크골프 경기의 기본정신이다.

제2조 안전 확인

1. 경기자는 스윙 전에 스윙 반경 내 다른 경기자가 근접해 있는가를 확인하고 안전거리를 확보하여야 한다.
2. 동반자 전원이 샷을 끝낼 때까지 먼저 앞으로 나가서는 안 된다.
3. 경기자는 공을 잘못 쳐서 동반자 또는 국외자가 공에 맞을 위험이 있는 경우는 큰소리로 신속히 경고를 하여야 한다.
4. 다른 홀로 공이 넘어가서 경기자가 다른 홀로 진입 시는 그 홀의 경기자의 경기 진행 여부를 사전 확인 후 양해를 받아 진입하여야 한다.

제3조 다른 경기자에 대한 배려

1. 경기 방해의 금지

가. 경기자는 항상 코스에서 동반자를 배려하여야 하며, 움직이거나 말하는 등 불필요한 잡음을 내서 경기를 방해하여서는 안 된다.

나. 휴대폰의 소음 등으로 경기를 혼란 시키지 않도록 하여야 한다.

다. 경기자가 샷을 준비하면 동반자는 정숙하여야 한다.

라. 경기에 참가하고 있는 선수에게 경기에 영향을 줄 수 있는 조언을 하여서는 안 된다. 단, 포섬 경기 시는 팀원끼리 조언이 가능하다.

바. 경기자끼리 감정을 상하게 하는 말과 행동을 하여서는 안 된다.

2. 그린 위에서

가. 경기자는 동반자의 퍼팅 라인을 밟아서는 안 된다.

나. 경기자가 퍼팅을 할 경우 동반자가 움직이거나 경기자의 퍼팅 라인에 동반자의 그림자를 만들어서는 안 된다.

다. 조원 모두가 컵 인으로 홀 아웃을 할 때까지 그린 주변에 남아 있어야 한다.

3. 스코어 기록

가. 샷을 하기 전에 "이름과 타수"를 말하여 기록에 착오가 없도록 한다.

나. 조원 모두가 홀아웃하게 되면 후속 조에게 수신호를 주고 다음 홀의 티잉 그라운드로 신속히 이동하여 스코어 카드를 기록하며, 상호 확인하여야 한다.

4. 파크골프 용어 사용

가. 파크골프 경기자는 경기를 하면서 상황에 맞는 파크골프 용어를 사용하도록 한다.

나. 파크골프 용어는 "부록 1" 을 참조한다.

제4조 경기 속도

1. 약간 빠른 속도 유지

가. 앞 조와 속도를 맞추는 것은 조원 모두의 책임으로 경기자는 샷을 한 다음에 약간 빠르게 이동을 하여 다음 경기를 준비하여야 한다.

나. 1개 홀이 비어 있지만 초보자 등으로 지연되는 경우에 후속 조가 먼저 경기를 할 수 있도록 양보하여야 한다.

다. 임의로 비어 있는 홀로 진입하여 경기 진행을 방해하거나 경기 속도를 지연하여서는 안 된다.

2. 경기할 준비

가. 경기자는 샷 순서에 따라 바로 경기에 임할 수 있도록 항시 준비를 하여야 한다.

나. 조 편성은 3~4명으로 편성하여 경기를 한다.

제5조 코스 보호

1. 잔디 보호를 위해 운동화, 골프화를 착용하며 잔디에 손상을 주는 등산화, 구두, 부츠 등을 착용하여서는 안 된다.
2. 샷으로 인하여 잔디가 패이거나 클럽으로 내리쳐서 잔디가 손상되지 않도록 주의한다.
3. 샷으로 인하여 잔디가 패였을 경우는 잔디를 보수하여야 한다.
4. 코스 내에서는 금연하고 껌과 침을 뱉는 행위를 금한다.
5. 코스 내에서는 음식물 섭취는 금하며, 쓰레기를 버리지 않는다.

제6조 에티켓 위반 시 조치

1. 경기자가 에티켓을 준수하지 않아 벌타를 부여 받는 경우는 없으나 에티켓을 준수하게 되면 더 즐거운 경기를 하게 될 것이다. 경기자가 동반자의 경기를 방해하거나 기물 파손 등의 중대한 에티켓을 위반한 경우 대회위원(회)는 퇴장 조치 또는 대회에서 경기 실격을 시킬 수 있다.
2. 그러나 경기자가 이 규칙을 무시하고 동반자의 경기를 방해하거나 기물 파손의 피해 정도에 따라 대회위원(회)는 필요한 경우 스포츠공정위원회에 제소한다.

제2장 경기 규칙

제7조 스트로크 경기 총칙

1. 파크골프는 경기자가 1개의 클럽과 1개의 공으로 첫 번째 홀의 티잉 그라운드에서 경기를 하여 1회 이상의 스트로크로 이루어진다.
2. 별도의 규칙이 있는 경우를 제외하고 스트로크를 한 자신의 공은 원래 위치에 되돌아가서 다시 경기를 할 수 없다.
3. 홀컵과 가깝지 않게 2클럽 이내 정의

가. 홀컵과 가깝지 않게 2클럽 이내의 지역이란 최종적으로 OB 라인을 벗어난 지점 (경기자의 공이 경기가 중지된 지점)에서 깃대를 보고 수직 방향으로 서서 양 팔을 벌려 좌·우측으로 2클럽 이내의 후방 반원 지역이다.

나. 홀컵과 가까운 지역으로 처치되면 2벌타를 부여한다.

다. OB의 경우는 OB말뚝(라인)을 벗어난 지점, 언플레이어블의 경우는 공이 정지되어 있는 지점에서 깃대를 보고 수직 방향으로 서서 양팔을 벌려 좌·우측으로 2클럽 이내의 후방으로 반원지역 내 샷이 가능한 지점에 공을 놓는다.

라. 앞의 각호를 위반 시에는 2벌타를 부여한다.

4. 코스의 비정상적인 상태(수리지. 캐주얼 워터, 배수구, 예비 홀컵, 스프링 쿨러)와 분실구 등의 가장 가까운 지점의 구제 방법

가. 캐주얼 워터와 분실구의 구제는 공이 놓인 위치 또는 분실되었다고 추정되는 지점에서 가장 가까운 지점으로 선정하는데 스탠스가 걸리지 않고 스트로크가 가능한 위치에서 홀컵과 가깝지 않게 2클럽 이내로 이동하여 공을 놓는다.

나. 예비 홀컵 위에 공이 놓여 있을 경우는 공을 클럽헤드 2개 길이만큼 그리고 수리지, 배수구, 스프링 쿨러에서는 페어웨이 좌 · 우측 가까운 쪽 방향으로 경계선에서부터 홀컵과 가깝지 않게 2클럽 이내 처치한다.

다. 앞의 각 호를 위반 시에는 2벌타를 부여한다.

제8조 파크골프 벌타

1. 모든 벌타는 2타를 부여한다.

제9조 스트로크 경기

1. 한 홀마다 타수를 누계하여 코스별로 합산한 총 타수로 순위를 정하는 경기 방법이다.
2. 합의의 반칙
   - 경기자는 규칙의 적용을 배제하거나 부여받은 벌타를 면제하기로 합의하여서는 안 된다. 이를 위반하였을 경우에는 해당자 모두를 경기 실격으로 처리한다.

제10조 용구

1. 경기자가 사용하는 클럽에다 경기에 영향을 주는 부속물을 장착하여서는 안 된다.
2. 경기자는 1개 클럽과 공으로 정해진 코스를 경기하여야 한다. 경기자의 클럽이 통상적인 경기 진행 중에 손상되었거나 혹은 분실하였을 경우는 다른 클럽으로 교체할 수 있다. 다만, 이후 분실된 클럽이 발견된 경우에는 이것을 다시 사용할 수 있으며, 어느 경우라도 동반자의 확인과 대회위원(회)의 재검사를 받아야 한다.
3. 앞의 각 항을 위반 시에는 경기 실격으로 처리한다.

제11조 경기에 적합하지 않은 공

1. 공에 잔금이 있거나 찌그러졌거나 갈라진 것이 보이면 그 공은 경기에 부적합한 공이다. 경기 중인 자신의 공이 경기에 부적합하다고 판단할 경우에는 이것을 확인하기 위해서 그 홀의 경기 중에 벌타 없이 자신의 공을 집을 수 있다. 이때, 경기자는 동반자에게 공을 확인시킬 의사를 밝히고 볼 마커로 마크한 후 공을 집어 들어야 한다.
2. 그 공이 경기에 적합하지 않다고 동반자의 확인을 받았을 경우 경기자의 예비공으로 교체하여 마크한 지점에 공을 놓고 경기를 한다. 만약, 확인을 얻지 못한 경우는 손상된 공을 마크한 지점에 다시 내려놓고 경기를 한다.
3. 스트로크를 한 결과, 공이 2개 이상으로 분리되었거나 분리되기 직전의 상태인 경우는 그 스트로크를 취소하고 경기자는 예비 공을 사용하여 스트로크를 하였다고 추정되는 지점에서 벌타 없이 경기를 한다.

제12조 경기자의 책임 경기자는 경기 진행에 필요한 아래 조건을 숙지하여야 한다.

1. 용구
   - 용구의 관리 책임은 경기자 자신에게 있으므로 식별할 수 있는 표시를 한다.
2. 스코어카드 기록관리

   가. 경기자는 홀아웃 시마다 조원끼리 타수를 확인하고 자신의 스코어카드에는 동반자 전원의 타수를 기록한다. 만약, 진행요원이 있는 경우는 진행요원이 경기자 모두의 타수를 스코어카드에 기록하며, 이때, 경기자는 홀마다 자신의 타수를 확인하여야 한다.

   단, 전자기기(PAD, LED전광판 등)를 사용하는 대회에서는 타수기록, 관리하는 방법을 달리할 수 있다.

   나. 경기가 종료되면 경기자는 조원끼리 각 홀의 타수와 합계 결과를 확인하고 경기자 모두가 서명을 하여 신속하게 대회 본부에 스코어카드를 제출하여야 한다. 이때, 카드 미제출 및 서명 누락자는 경기 실격으로 처리한다.

   단. 본인 서명 후 제출한 스코어카드는 그 기재 내용의 변경을 인정하지 않는다.

   라. 경기자가 특정 홀의 타수와 타수 합산을 실제 타수보다 적게 기록하여 제출한 경우는 해당 조원을 경기 실격으로 처리한다. 반대로 경기자가 실제 타수보다 더 많은 타수를 기록하여 제출하였을 경우 그 타수는 그대로 처리한다.

3. 지연 경기

가. 경기자는 경기 속도를 고의로 지연시켜서는 안 되며, 1개 홀의 경기가 종료되면 신속히 다음 홀의 티잉그라운드로 이동하여 스코어카드를 기록한다.

나. 대회위원(회)가 경기 속도에 대한 가이드라인을 정해준 경우는 그에 따라 경기를 하지만, 앞 조와의 간격이 2개 홀 이상 뒤쳐지지 않도록 해야 한다. 발생시 사유에 따라 대회본부에서 해당 조원 모두에게 2벌타를 부여한다.

제13조 연습 스트로크

1. 경기 당일 경기자는 경기 시작 전에 코스 내에서 공을 치는 연습 스트로크를 하여서는 안 된다. 이를 위반 시에는 경기 실격으로 처리한다.
2. 경기 중에도 공을 치는 연습 스트로크를 하여서는 안 된다. 이를 위반 시에는 경기 실격으로 처리한다.

제14조 경기 순서

1. 홀에서 제일 먼저 경기할 권리를 부여 받은 사람을 오너라고 말한다. 경기 시작 홀에서 티 샷 순서는 순서 뽑기 또는 가위, 바위, 보로 이긴 자 순으로 한다. 다음 홀부터는 전 홀의 최저타수의 경기자가 오너가 되고, 적은 타수 순으로 경기를 한다. 만약, 전 홀의 타수가 같은 경우에는 그 이전의 홀의 타수를 비교하고 순서를 정하여 경기를 한다.
2. 티 샷 이후의 다음 샷 순서는 깃대에서 가장 먼 공의 경기자가 먼저 경기를 하여야 한다. 2개 이상의 공이 깃대에서 비슷한 거리에 있을 경우는 경기자끼리 순서를 정하여도 좋으나 결정하기 어려운 경우는 이전의 샷 순서대로 경기를 한다.
3. 개인전 또는 단체전 팀 간 샷을 하는 순서를 지키지 않은 경우는 에티켓 위반으로 무벌타 처리한다.

   단, 단체전 중 일반 포섬(팀별로 공1개씩)은 시작하는 홀의 티 샷부터 경기가 종료할 때 까지 위반 시 해당 팀에게 2벌타씩을 부여하며, 베스트 볼을 적용하는 포섬은 홀마다 티 샷을 하고서 선택한 공으로 세컨드 샷부터 홀아웃할 때까지 위반 시 해당 팀에게 2벌타씩을 부여한다.

제15조 티잉 그라운드

제15-1조 티잉 그라운드의 티업

1. 홀 마다 티 샷은 티를 사용하여야 한다.
2. 경기자는 지정된 티잉 그라운드 이외 장소에서 티 샷을 할 수 없다.
3. 경기자는 티잉 그라운드 내에서 티 샷을 하는데 발이 일부분이라도 티잉 그라운드 밖으로 벗어나서 스트로크를 하여서는 안 된다.
4. 방향을 정하는 표지물을 공 앞에 놓고 티 샷을 하여서는 안 된다.
5. 앞의 각 항을 위반할 경우는 2벌타를 부여한다.
6. 티잉 그라운드에서 스트로크에 의하지 않고 공이 클럽에 닿거나 움직이게 하였을 경우(무의식적으로 클럽에 의해 공이 티에서 떨어진 경우)에는 1타를 가산하지 않고, 다시 티 샷을 한다.
7. 티 샷을 하였는데 1회 이상 공을 맞히지 못한 경우는 스트로크를 하지 않은 것으로 간주하며, 이는 매너 위반 행위이다.

제15-2조 티 마커

- 삭제

제15-3조 티업한 공이 떨어진 경우

1. 경기자가 스윙을 하지 않았는데 공이 티에서 떨어졌을 경우 벌타 없이 다시 티 샷을 할 수 있다.
2. 티 샷을 한 결과, 공이 티잉 그라운드에 놓인 경우 연속하여 세컨드 샷을 하여야 한다.
3. 티 샷을 하였는데 클럽 헤드가 공에 살짝 맞거나 바람 영향을 받아 티에서 떨어진 경우는 스트로크를 한 것으로 간주한다.
4. 티 샷을 포함하여 샷을 하기 전에 연습 스윙은 필요시 1회만 실시하며, 이때 공을 맞춘 경우는 스트로크를 한 것으로 간주하고 정지한 지점에서 다음 경기를 한다.
5. 티 샷을 한 공이 장애물을 맞고 티잉 그라운드 후면에 정지된 경우는 OB로 판정하고 처치는 공이 티잉 그라운드 후면 경계선을 벗어난 지점에서 깃대를 보고 수직 방향으로 서서 양팔을 벌려 좌 · 우측으로 2클럽 이내에 샷이 가능한 지점에 공을 놓고 다음 경기를 한다.

제15-4조 홀을 잘못 진입한 경우

1. 다른 홀로 진입하여 티잉 그라운드에서 1명 이상 스트로크를 하였을 경우 그 홀을 홀아웃하고 원래 순서의 홀로 되돌아가서 경기를 하여야 한다. 이 경우에는 조원 모두 잘못 진입하여 경기를 하였으므로 진행한 홀에 대한 2벌타를 부여한다.
2. 또한, 다른 홀로 진입하여 연속된 경기를 하게 되면 원래 순서의 홀에서 조원 모두에게 잘못 진행한 모든 홀의 수에 2벌타 씩 부여하여 기록한다. 이때, 원래 순서의 홀에서 타수 기록 시 더블파를 적용하지 않는다.(로컬룰 해당이 안 됨)

제16조 공은 있는 그대로의 상태에서 경기

1. 별도의 규칙이 있을 경우를 제외하고 공은 있는 그대로의 상태에서 경기를 하여야 한다. 이때, 경기자에 의해 무의식적으로 움직인 공은 무벌타로 구제한다.
2. 경기자는 스트로크 중인 경우를 제외하고 수목, 긴 풀 등의 생장물에 접촉하거나 움직일 수 없는 장애물을 정리하여 자신의 공 주변 상황을 개선하여서는 안 된다.
3. 클럽헤드는 어드레스하는 경우에만 공 뒤쪽 지면에 닿을 수 있다.
   이때, 목표 방향 쪽으로 표시물을 놓거나 클럽헤드가 지면에 닿아서는 안 된다.
4. 경기자는 스탠스를 취하는 경우 양발을 지면에 두면서 임의로 스탠스 장소를 만들어서는 안 된다. 단, 벙커에서는 예외로 한다.
5. 앞의 각 항을 위반 시에는 2벌타를 부여한다.

제17조 어드레스와 스트로크

1. 티 샷 이후 경기자가 어드레스를 할 경우에 클럽헤드가 공에 닿아서 공이 움직이면 스트로크로 간주하고 1타를 가산한다.
2. 경기자가 스트로크를 할 경우에 클럽헤드가 공에 닿기 전에 스윙을 정지하거나 또는 스트로크의 의사가 있어도 헛스윙이 되어 공이 움직이지 않으면 스트로크를 하지 않은 것으로 간주한다. 다만, 헛스윙이 되어 공이 움직인 경우에는 스트로크를 한 것으로 간주한다.
3. 경기자가 클럽의 샤프트, 그립 끝으로 공을 쳐서는 안 된다.
4. 정상적인 스윙으로 공을 쳐야 하는데 백스윙 없이 밀어내기, 당기기, 퍼 올리기 등을 하여서는 안 된다.
5. 경기자는 1 스트로크 중, 클럽에 2회 이상 공이 접촉되어서는 안 된다.

6. 경기자는 자신의 공이 움직이고 있는 중에 스트로크를 하여서는 안 된다.
7. 제3항 ,제4항, 제5항, 제6항을 위반을 하였을 경우 그 경기는 스트로크로 간주하여 1타를 가산하며, 또한 부정타로 인정하여 2벌타를 부여한다.
8. 경기자가 스트로크한 공이 움직이고 있는 중에는 다음 순서의 경기자가 스트로크를 하지 않아야 한다.

제18조 뒤 바뀐 공, 교체한 공

1. 경기자가 동반자의 공으로 스트로크를 한 경우에 타수는 가산하지 않고 동반자의 공을 원 위치하며, 자신의 공 위치에서 2벌타를 부여하고 다음 경기를 하여야 한다. 만약, 뒤바뀐 공의 해당자 모두가 스트로크를 한 후에 알았을 경우는 그 홀을 홀 아웃할 때까지 바뀐 공으로 진행하고 해당자 모두에게 2벌타를 부여한다.
2. 다만, 1번 홀에서 공의 거치대에 있는 다른 경기자의 공으로 티 샷을 한 경우는 무벌타이며, 그 공을 회수하고 자신의 공으로 다시 경기를 한다.
3. 경기자가 1개의 코스 내에서 공 교체를 원할 경우 다음 코스 1번 홀에서 만 가능하다. 이를 위반 시는 2벌타를 부여한다. 다만, 다른 공으로 교체하는 것이 허용되는 경우는 제외한다.

제19조 그린

그린 위의 홀 컵에 세워진 깃대는 뽑지 않고 경기를 한다. 이를 위반 시는 2벌타를 부여한다.

제19-1조 그린 위의 공

1. 그린 위의 공이 홀컵에서 2클럽 이내인 경우 경기자는 동반자에게 통보하고 우선해서 마크하거나 먼저 컵인을 실시하며, 필요시 그대로 둘 수가 있다. 이때, 먼저 컵인을 하게 될 경우에는 동반자에게 알리고 홀 아웃을 한다.
2. 컵인을 안한 상태로 다음 홀에서 티 샷을 한 경우는 해당 홀에서 실격 처리를 한다.(로컬룰을 적용한 경우에는 실격이 아닌 로컬룰에 따른다)
3. 공의 일부가 홀컵 주변에 걸려있는 경우는 그 상황 시점부터 10초 내 홀 컵에 들어가면 컵인으로 인정한다.

제20조 공이 움직이거나, 방향이 변경되거나, 정지된 경우 경기자의 스윙에 의하지 않고 공이 정지된 위치에서 다른 위치로 이동하여 정지된 경우 그 공은 움직인 것으로 간주한다.

제20-1조 정지된 공이 움직인 경우

1. 정지된 공이 국외자 및 동반자에 의해 움직이게 된 경우 그 공은 움직이기 전에 있었다고 추정되는 지점에서 경기를 하여야 한다.
2. 경기자가 스트로크를 할 경우에 경기자의 동작에 의하지 않고 공이 움직인 경우에는 그 스윙을 중지하고 그 공이 정지된 지점에서 경기를 하여야 한다. 이 경우에 스트로크는 하지 않은 것으로 간주한다.
3. 경기 중인 공은 경기자가 임의로 공을 집어 올리거나 건드리게 되면 2벌타를 부여하고 원래 있었다고 추정되는 위치에 놓고 경기를 하여야 한다.
4. 경기자가 움직일 수 있는 장애물을 제거하는 과정에서 공이 움직인 경우는 벌타 없이 그 공을 원래 있었다고 추정되는 지점에 놓고 경기를 하여야 한다.
5. 정지되어 있는 동반자의 공이 경기자의 공에 의해 움직인 경우에는 누구에게도 벌타는 없고 경기자의 공은 정지된 지점에서, 동반자의 공은 추정되는 원래 지점으로 경기자가 원 위치를 해야 하는데, 필요시 다른 동반자가 해주어 다음 경기를 하여야 한다.
6. 앞의 각 항을 위반 시에는 2벌타를 부여한다.

제20-2조 움직이고 있는 공이 방향을 변경하거나 정지된 경우

1. 움직이고 있는 공이 국외자 또는 동반자에 의해 방향을 변경하거나 정지하였을 경우는 벌타는 없으며, 그 공은 최종 정지된 지점에서 경기를 하여야 한다. 이때, 동반자가 고의적으로 경기자의 공을 멈추게 한 경우는 벌타를 부여한다.
2. 경기자의 공이 움직이고 있는 중에 자신에 의해 방향을 변경하거나 정지된 경우는 경기자에게 벌타를 부여하고 공이 멈춰진 위치에서 경기를 하여야 한다.
3. 경기자가 스트로크한 공이 움직이고 있는 중에 다음 순서의 경기자가 스트로크를 하여 경기자의 공과 충돌하여서는 안 된다. 만약, 충돌한 경우에 2개 공은 정지된 위치에서(OB 시에는 OB 처치 후 벌타 부여) 다음 경기를 하여야 하며, 다음 순서의 경기자에게 벌타를 부여한다.

4. 앞의 각 항을 위반 시에는 2벌타를 부여한다.

제21조 구제

제21-1조 공을 집어 올림

1. 세컨드 샷부터 집어 올린 공은 원 위치에 놓아야 하므로 사전에 그 공의 위치를 마크하여야 한다. 만약, 마크를 하지 않고 집어 든 공은 원래 있었다고 추정되는 지점에 놓고 경기를 하여야 한다.
2. 마크를 요구 받았을 경우는 홀 컵을 바라보고 볼 마커를 공 뒤에 놓고 공을 집어 올려야 한다. 이때, 마크를 하는 중에 공을 건드려서 움직이면 벌타 없이 공을 원 위치하며, 필요시 다른 동반자가 마크를 해줄 수 있다.
3. 세컨드 샷부터 볼 마커가 동반자의 경기에 방해가 될 경우는 클럽헤드 2개 길이만큼 좌•우측으로 이동할 수 있다. 이때, 볼 마커를 이동하는 순서와 원 위치하는 방법을 준수하여야 한다.
4. 앞의 각 항을 위반 시에는 2벌타를 부여한다.

제21-2조 공을 원위치에 놓음 (리플레이스)

1. 마크한 공은 경기자 자신이 원 위치한다.
2. 볼 마커를 못 찾았거나 옮겨져서 원 위치를 확정할 수 없는 경우는 그 공이 정지되어 있었다고 추정되는 지점에 놓아야 한다. 이를 위반 시에는 2벌타를 부여한다.

제21-3조 공을 놓음 (플레이스)

1. 공을 놓을 경우는 경기자 자신이 놓아야 한다. 경기자에 의하여 움직여진 동반자의 공은 원래 있었다고 추정되는 지점으로 경기자가 이동시켜야 한다.
2. 움직여진 공의 위치를 확정할 수 없을 경우는 그 공이 정지되어 있었다고 추정되는 지점에 놓아야 한다.
3. 공을 놓았는데 공이 계속 움직일 경우는 깃대에 가깝지 않게 공이 정지될 수 있는 가까운 지점에 놓아야 한다.

제21-4조 경기에 방해되는 공

1. 경기자는 동반자로부터 자신의 공을 마크하도록 요구 받았을 경우는 마크를

하거나 동반자의 동의하에 먼저 샷을 할 수 있다. 이 경우에 집어 올린 공은 원 위치하여야 한다.

2. 티 샷을 할 경우는 마크 요구를 할 수가 없으며, 세컨드샷부터는 마크요구는 20m이내의공에 대하여 할 수 있다.
3. 앞의 1 항을 위반 시에는 2벌타를 부여한다.

제22조 장애물

제22-1조 움직일 수 있는 장애물

1. 경기자는 움직일 수 있는 장애물에서 다음과 같은 구제를 받을 수 있다.
   가. 공이 움직일 수 있는 장애물에 의해 스탠스나 스트로크의 방해가 될 경우는 그 장애물을 제거 할 수 있다. 장애물을 제거하는 도중에 공이 움직인 경우는 벌타 없이 움직인 공을 원래 있었다고 추정되는 지점에 놓아야 한다.
   나. 공이 움직일 수 있는 장애물 안 또는 위에 있을 경우는 벌타 없이 그 공을 집어 올린 다음 장애물을 제거할 수 있다. 이 경우 집어 올린 공은 원 위치한다.
   다. 정해진 위치에 거치된 모래 고르개, 공 회수용 뜰채를 경기자가 사용 후 원 위치하지 않은 경우 다음 경기자가 샷에 방해가 되면 이동시킬 수 있다.

제22-2조 움직일 수 없는 장애물

1. 움직일 수 없는 장애물 안 또는 위에 공이 있는 경우이거나 공이 이것에 근접해 있기 때문에 경기자의 스탠스 또는 스트로크의 방해가 될 경우는 움직일 수 없는 장애물에 의해 장애가 생긴 것으로 간주한다.
2. 코스 내에 배수구, 스프링 쿨러, 예비 홀컵 위에 공이 놓여있거나 걸쳐있을 경우는 무벌타로 홀컵과 가깝지 않게 스탠스와 샷을 할 수 있는 가까운 지점(배수구, 스프링 쿨러는 2 클럽 길이 이내, 예비 홀컵은 클럽헤드 2개 길이)으로 구제를 받고 경기를 한다.
3. 샷을 하는 목표 방향에 움직일 수 없는 장애물이 있는 경우는 구제 없이 경기를 하여야 한다.
4. 1항의 장애에 따라 공을 스트로크를 할 수 없는 경우에 이를 구제할 수는 없다. 이 경우에는 경기자가 언플레이어블을 선언하고 동반자 확인 후에 처치하여야 한다. 이를 위반 시에는 2벌타를 부여한다.

5. 움직일 수 없는 장애물에 공이 안착한 경우에 이를 훼손하면서 스트로크를 하면 2벌타를 부여한다.

제22-3조 벙커

1. 벙커에서는 모래에 묻혀 있는 공을 치기 쉽도록 클럽헤드 밑 부분으로 모래를 누르는 경우, 공 주위 모래를 클럽이나 발로 고르는 경우, 백스윙 없이 밀어내듯이 또는 퍼 올리는 샷을 하는 경우, 샷을 한 공이 벙커 턱을 맞고 되돌아오는 공을 무의식적으로 막은 경우는 모두 2벌타를 부여한다.
2. 공을 맞히지는 못하고 주변의 모래를 친 경우는 스트로크를 하지 않은 것으로 간주한다.

제22-4조 캐주얼 워터

1. 일시적인 물웅덩이 속에 공이 있거나 스탠스를 취해야 할 경우 또는 공과 스탠스의 일부가 물에 걸쳐질 경우에 경기자는 그 공을 있는 그대로의 상태로 경기를 하거나 캐주얼 워터로 구제를 받을 경우는 그 상태를 동반자의 확인을 받아 처리할 수 있다. 단 눈이나 얼음(이슬, 서리는 제외)은 경기자의 선택에 따라 캐주얼 워터 또는 움직일 수 있는 장애물로써 처리할 수 있다.
2. 경기자가 전 항의 규칙에 따라 구제를 받을 경우는 다음의 처치를 하여야 한다.
   가. 페어웨이 경우
      - 공을 집어 올리고서 해당 캐주얼 워터에서 빠져 나올 수 있도록 하기 위하여 공이 정지된 지점에서 깃대를 보고 수직 방향으로 서서 좌·우측으로 캐주얼 워터를 벗어나 홀컵에 가깝지 않게 스탠스와 스트로크가 가능한 2클럽 이내의 지점에 벌타 없이 공을 놓고 다음 경기를 한다.
   나. 벙커 내의 경우
      - 공을 집어 올려서 다음과 같은 지점에 공을 놓고 경기를 한다.
         a. 벙커 내에서 해당 캐주얼 워터를 피할 수 있도록 하기 위하여 홀컵에 가깝지 않고 공이 정지되어 있던 지점에서 스탠스와 스트로크가 가능한 벙커 내에 가까운 지점
         b. 벙커 내에 공을 놓을 장소가 없을 경우는 해당 캐주얼 워터를 피하여 홀컵에 가깝지 않고 공이 정지되어 있던 지점에서 스탠스와 스트로크가 가능한 벙커 밖의 가까운 지점

3. 앞의 각 항을 위반 시에는 2벌타를 부여한다.

제22-5조 수리지

1. 수리지 내에 공 또는 경기자의 스탠스의 일부가 수리지에 걸쳐 있을 경우는 구제를 받을 수 있다.
2. 경기자가 전 항에 따라 구제를 받을 경우는 공이 정지된 지점에서 깃대를 보고 수직 방향으로 서서 양팔을 벌려 좌·우측에 수리지역을 벗어나 스탠스와 스트로크를 할 수 있는 2클럽 이내의 지점에 공을 놓고 경기를 하여야 한다.
3. 앞의 각 항을 위반 시에는 2벌타를 부여한다.

제22-6조 워터 해저드

1. 워터 해저드에 공이 들어가면 구제는 받을 수 없고 있는 그대로의 상태로 경기를 하여야 한다.
2. 이때, 워터 해저드 내에서의 경기가 안 될 경우에는 경기자는 언플레이어블을 선언하고 2벌타를 부여하여 워터 해저드에 공이 떠 있는 위치에서 좌·우측 방향으로 2클럽 이내의 홀컵에 가깝지 않은 지점에 공을 놓거나 별도의 표식(OB 티)에서 경기를 하여야 한다. 워터해저드에 있는 공을 들어 올린 경우에 언플레이어블을 선언하였다고 간주한다.
3. 앞의 각 항을 위반 시에는 2벌타를 부여한다.

제23조 분실 또는 OB의 공

1. 분실한 공을 찾는 시간은 3분 이내로 하여 경기 속도를 지연시키지 않도록 하고 예비 공이 없어 경기 진행이 안 될 경우는 경기 실격으로 처리한다.
2. 공을 분실한 경우는 2벌타를 부여하고 분실하였다고 추정되는 지점에서 깃대를 보고 수직 방향으로 서서 양팔을 벌려 홀 컵에 가깝지 않게 2클럽 이내의 지점에서 예비 공을 놓고 경기를 한다. 다만, 분실구로 처리하고 스트로크를 한 후에 공을 찾았더라도 그 공은 분실구로 처리한다.
3. OB 판정은 공이 놓인 지점에서 공의 수직 상방에서 내려다보아 OB 라인 또는 2개의 OB 말뚝 외측 연장선에서 벗어난 경우에 OB로 판정한다. OB 경계선 근처에서 OB여부의 판정은 경기자 본인이 먼저 판단하고 동반자 모두의 확인을 받아야 하며, 이때, 의견이 다른 경우에 심판의 판정에 따른다. 만약, 동반

자의 확인을 받지 않고 임의로 경기를 하였을 경우는 OB로 간주하며, 그 위치가 경계선 밖이라고 확인되면 OB 처치 위반으로 2벌타를 추가로 부여한다.

4. 그린 주변에 OB 라인과 OB말뚝이 동시에 설치된 경우는 OB라인을 우선하여 정지한 공의 수직 상방에서 내려다보아 경계선에서 벗어났을 시 OB로 판정한다.
5. 공이 OB가 되었을 경우 처치는 마지막 OB 말뚝 또는 OB 라인을 벗어났다고 추정되는 지점에서 깃대를 보고 수직으로 서서 양팔을 벌려 좌 · 우측에 2클럽 이내의 홀컵과 가깝지 않은 지점에 공을 놓고 다음 경기를 한다. 이때, 공을 놓을 지점이 없는 경우는 별도의 표식(OB 티)에서 경기를 할 수 있다.
6. 그린 주변에서 OB가 난 경우의 처치는 첫 번째 OB 말뚝과 두 번째 OB 말뚝 연장선에 수직 방향을 기준하여 공이 벗어난 지점에서 깃대를 바라보고 양팔을 벌려 좌 · 우측으로 2클럽 이내의 깃대에 가깝지 않게 공을 놓고 경기를 하는데 깃대를 향해 직접 공략이 가능하다.
7. 도그레그 홀에서 적색 OB말뚝을 설치한 경우 말뚝 안쪽인 페어웨이로 샷을 하여야 한다.

제24조 언플레이어블의 공

1. 경기자는 코스 내 어디에 있더라도 자신의 공을 칠 수 없을 경우는 언플레이어블을 선언하여야 한다.
2. 언플레이어블을 선언하게 되는 경우 2벌타를 부여하며, 그 위치에서 깃대를 바라보고 수직 방향으로 양팔을 벌려 좌 · 우측에서 2클럽 이내에 깃대에 가깝지 않은 지점에 공을 놓고 경기를 한다. 이때, 샷이 가능한 지점이 없을 경우는 이전 샷을 한 방향으로 이동하면서 샷이 가능한 지점에서 다음 경기를 한다.

제25조 대회 위원회의 운영

대회본부는 경기 실시에 관해 필요한 인원으로 구성하여 다음과 같은 사항을 조치한다.

1. 대회준비 및 진행
   가. 코스 정비 및 OB 구역, 수리지의 경계 등을 명확히 표시하고 모든 설치물의 상태를 확인한다.
   나. 경기 당일에 경기자가 코스에서의 연습 금지에 관해서는 대회 요강 등에 공지한다.

다. 위원회는 천재지변 등의 사유로 경기가 불가능한 상태라고 인정한 경우 경기의 중지를 결정할 수 있고 경기의 일부 또는 전부를 무효로 하여 스코어를 취소할 수 있다. 만약, 경기가 잠정 중단되어 다시 재개될 경우는 중지된 위치에서 다시 경기를 하여야 한다.

라. 위원회는 정당한 개인 사유가 있는 경우에는 경기 실격 대상에서 제외한다.

2. 로컬룰

- 위원회는 본 협회의 규정에 위배되지 않는 범위에서 파크골프장 별 특성에 필요한 최소한의 로컬룰을 대회 당일에 공지하여야 한다.

가. 곡선의 통로(자전거 도로, 보행 도로 포함)에서 홀이 구분되어 있을 경우 통로를 홀의 OB 지역 경계로 구분하여야 하는데 OB 말뚝으로 표시가 곤란한 경우에 말뚝 없이도 통로의 홀쪽 라인을 OB 경계선으로 할 수 있다.

나. 위원회에서는 임시 장애물(본부석, 방송기재 등)에 의한 장애물에서의 구제 방법을 마련하여야 한다.

다. 코스의 보호를 해야 하는 특정 구역(잔디육성지, 식수지, 재배지 등)을 경기 금지구역인 수리지로 표지한다.

라. 도그 레그(Dog leg)홀은 오른쪽 또는 왼쪽으로 굽어져 직진형이 아닌 상태의 홀을 말하며, 직접 공략을 못하게 할 수 있다.

3. 별도의 표식(OB 티)

- 위원회는 워터 해저드와 그린 주변에서 OB난 공을 처치함에 있어서 공을 놓을 장소가 없을 경우에는 해당 근접 지점의 좌 · 우측에 별도의 표식(OB 티)을 할 수 있으며, 이를 경기자에게 공지하여야 한다.

4. 순위 결정

- 위원회는 대회에서 경기방식, 홀 진입 방법을 포함하여 동일 스코어의 순위를 결정하는 방법 등을 경기자에게 공지하여야 한다.

5. 규칙에 없는 사항

- 분쟁의 쟁점이 본 규칙에 명시되어 있지 않은 경우에는 형평의 원칙에 따라 처리하고 이후 추가로 제정한다.

2. 파크골프의 상황별 규칙

1) 티업하기 전에 규칙

① 대회 또는 실기시험 당일 코스 내에서 라운드 중에 샷 연습은 금지한다.

② 페어웨이에서 동반자에게 남은 거리에 대한 조언은 가능하나 경기 진행에 영향을 미치는 행위는 삼간다.

③ 티잉 구역 주변에 홀에 대한 제원이 없는 경우에는 조언이 가능하다.

2) 티잉 구역에서의 규칙

① 티잉 구역에서 한 발이라도 벗어나 잔디에 발이 닿았을 경우에는 2벌타를 적용한다.

② 지정된 티잉 구역에서 티샷을 하지 않거나 티 위에 공을 올려놓고 티샷을 하지 않은 경우에는 2벌타를 적용한다.

③ 어드레스 중에 공을 건드려서 떨어지거나 스윙을 하여 바람에 공이 떨어진 경우에는 1벌타를 적용한다. 단, 티샷을 하였는데 공을 맞히지 못한 경우에는 무벌타를 적용한다.

④ 티잉 구역에서 연습 스윙을 1회 이상 한 경우에는 무벌타를 적용하나 매너 위반이다.

⑤ 티에 올려놓지 않고 샷을 하면 2벌타를 적용한다. 2벌타+1타 가산=합계 3타로 본다.

3) 페어웨이에서의 규칙

① 모든 볼은 볼의 종착지점에서 판정을 하며, OB 라인 밖으로 나갔다가 페어웨이로 들어와도 무벌타로 처리한다.

② OB 라인을 넘어 가거나, 워터헤저드에 빠진 경우에는 2벌타 가산되며, 홀에서 가깝지 않은 쪽으로 2클럽 이내에 처치한다. 단, 2클럽 보다 더 안쪽으로 처치하고 샷 한 경우에는 2벌타를 적용한다.

③ 풀 속에 파묻힌 공을 움직여서 자신의 공인지 확인하거나 고의로 공을 움직여 위치를 이동한 경우에는 2벌타를 적용한다.

④ 클럽이나 발로 잔디를 고르거나 러프를 밟아 수정하는 경우에는 2벌타를 적용한다.

⑤ 동반자의 공을 맏고 OB가 된 경우에는 OB 처리되며 동반자의 공을 경기자 본인이 원위치 시켜 주어야 한다.

⑥ 동반자가 자신의 공을 맞추어 이동한 공을 원위치로 이동하지 않고 샷을 한 경우에는 2벌타를 적용한다. 이 때 반드시 공을 친 사람이 공을 원위치 시켜야 한다.
⑦ 움직이는 공을 클럽으로 막거나 샷을 한 공이 자신의 몸이나 클럽에 맞은 경우에는 2벌타를 적용한다.
⑧ 어드레스 과정에서 공을 건드린 경우에는 1타를 가산한다.
⑨ 코스 내 보수를 위한 수리지에 공이 놓인 경우에는 무벌타 구제한다.

4) 장애물에 대한 규칙

① 옮길 수 있는 장애물(낙엽, 쓰레기, 마른 풀 등)을 치우고 샷을 한 경우 또는 장애물을 치우다가 볼을 건드린 경우에는 무벌타를 적용한다.
② 옮길 수 없는 장애물(나무, 그물망, OB말뚝 등)을 뽑거나 치우고 샷을 한 경우에는 2벌타를 적용한다.
③ 장애물로 인하여 도저히 샷을 할 수 없어서 언플레이어블을 선언한 경우에는 2벌타를 적용한다.
④ 언플레이어블을 선언 한 경우에는 깃대에서 먼 쪽으로 스탠스가 가능한 가까운 곳에서 처치하고 샷을 한다. 단, 원위치 보다 깃대에 더 가까운 곳에서 샷을 한 경우에 2벌타를 적용한다.
⑤ 벙커 내에서 발자국 등이 있어도 그대로 처치해야 한다. 다만 로컬룰로 변경은 가능하다. 이 때 언플레이어블을 선언 하여도 벙커 안에서 홀컵과 가깝지 않은 곳으로 스탠스가 가능한 가까운 곳에서 진행 할 수 있다.
⑥ 코스 내에 보수를 위하여 표시해 놓은 수리지에 볼이 놓인 경우에는 무벌타를 적용한다. 구제(스탠스가 가능한 가까운 곳에 원위치 보다 홀과의 거리가 가깝지 않은 곳에서 진행한다.)

5) 안전망 펜스 주변에 대한 규칙

① 샷을 하기 위해 안전망을 걷어 올리고 샷을 한 경우에 2벌타를 적용한다.
② 샷을 하면서 안전망을 먼저 친 경우에 2벌타를 적용한다.
③ 백스윙 하면서 안전망을 건드리거나 안전망을 넘어가서 샷을 한 경우에는 무벌타를 적용한다.

6) 벙커에서의 규칙

① 모래에 묻혀 있는 공을 치기 쉽도록 클럽헤드 밑 부분으로 모래를 누르는 경우에는 2벌타를 적용한다.

② 공 주위의 모래를 클럽이나 발로 고르는 경우에는 2벌타를 적용한다. (필요시 로컬룰로 적용 할 수 있다.)

③ 샷을 한 공이 벙커 턱을 맞고 되돌아오는 공을 무의식적으로 다시 친 경우에는 2벌타를 적용한다.

④ 공을 맞히지 못 하였으나 주변에 모래를 친 경우에는 1벌타를 적용한다.

⑤ 클럽 헤드 밑 부분이 모래에 살짝 닿은 경우에는 무벌타를 적용한다.

7) 그린 위에서의 규칙

① 퍼팅라인을 수정하기 위하여 클럽, 발 등으로 잔디를 정리한 경우에는 2벌타를 적용한다.

② 동반자의 요구가 없었는데 임의로 마크하면서 공을 집어든 경우에는 2벌타를 적용한다.

③ 어드레스 이후 움직이는 공을 클럽헤드로 막은 경우에는 2벌타를 적용한다.

④ 깃대에서 가까운 사람이 먼 동반자의 양해 없이 먼저 퍼팅을 한 경우에는 무벌타를 적용하나 매너 위반이다.

⑤ 마커가 퍼팅에 방해되어 마커를 옮겨줄 것을 요구하면 클럽헤드의 길이만큼 최대 2회까지 옆으로 이동 시킬 수 있다.

⑥ 홀 아웃은 통상 OK 없이 컵인 할 때 까지 시도한다.

8) 공에 대한 규칙

① 샷 한 공을 3분 이내에 찾지 못하거나 3분 이상의 시간을 지연하는 경우에는 2벌타를 적용한다.

② 페어웨이에서 자신의 공이 아닌 동반자의 공으로 샷 한 경우에는 2벌타를 적용한다. 동반자의 공은 원위치 시키고 자신의 공으로 다시 샷을 한다.

③ 공 거치대에 있는 동반자의 공으로 티샷을 한 경우에는 무벌타를 적용하고 자신의 공으로 다시 샷을 한다.

④ 홀 아웃 후에 공이 바뀐 사실을 인지한 경우에는 해당자 모두 2벌타를 적용한다.

⑤ 공에 상처나 금이 생겼을 경우에는 동반자에게 양해를 구하고 마크한 후 공을

교체한다. 이때 동반자의 양해 없이 공을 교체한 경우에는 2벌타를 적용한다.

⑥ 공을 분실하였을 경우에는 동반자에게 빌릴 수 있으나 공이 없어서 진행을 못할 경우에는 실격 처리한다.

⑦ OB 말뚝 뒤쪽을 지나가면서 직접 깃대를 공략하는 것은 가능하다.

9) 마크 상황의 규칙

① 세컨 샷(그린포함)부터 목표 방향선 상 20m 이내에 공이 있을 때 마크를 요구할 수 있다. 이때 마크 요구에 불응하면 2벌타를 적용한다.

② 그린에서 홀컵으로부터 2클럽 이내에 본인의 공이 안착되었을 때 마크를 하거나 동반자의 양해를 구하고 먼저 퍼팅이 가능하다.

③ 동반자와 공이 붙어 있는 경우 마크를 요구할 수 있다.

④ 상대방이 마크를 요구할 경우에는 공을 먼저 집어 들고 마커를 놓거나, 마크를 한 위치에 공을 놓을 때 마커를 먼저 집어 들고 공을 놓는 경우에는 2벌타를 적용한다.

⑤ 티샷 시에는 마크 요구를 할 수 없다.

⑥ 마커 자체가 퍼팅에 방해가 되면 클럽헤드 길이만큼 2회까지 마커 이동 요구를 할 수 있다.

10) OB에서의 규칙

공이 OB가 되었을 때는 2벌타를 적용하고 공이 마지막으로 OB 라인을 통과한 지점으로부터 2클럽 이내의 위치(홀컵에서 먼 쪽으로)에 공을 놓고 다음 샷을 진행한다.

① 공의 최종 안착 위치에 따라 OB 말뚝 또는 OB 선을 기준으로 판정을 한다.

단, 대회의 성격, 구장의 난이도 안전성 등에 따라 로컬룰로 OB 적용 룰을 변경 할 수 있다.

② 티샷한 공이 외부 장애물을 맞고 티잉 구역 뒤쪽으로 안착한 경우 40cm라인을 기준으로 OB를 판정한다. 단 선이 없으면 티잉 구역을 기준으로 판정한다.

③ 공이 굴러가는데 국외자(옆의 다른 조)의 공이 날아와 OB가 되어도 현 위치에서 판정을 한다.

④ OB선 상에서 어드레스 한 후 공을 치려는데 공이 굴러서 OB선을 넘어가면 샷을 한 후 OB로 본다. 1타 가산+OB 2벌타=합계 3타로 본다.

11) 언플레이어블 선언 후 또는 OB처치 시

① 2클럽 이내에서 홀컵과 가깝지 않은 곳으로 이동시켜 처리한다. 이때 옮길 위치가 없을 때는 홀과 가깝지 않고, 공이 있던 곳과 근접한 곳에 공을 놓는다.

② OB가 발생 한 경우 홀컵을 향하여 양팔을 벌려 서서 2클럽 이내에 홀과 가깝지 않은 곳에 공을 놓고 처치한다.

12) 기타 특수한 경우

① 분실구가 발생하면 발생 예상 위치에서 다음 샷을 한다.

② 워터헤저드에 빠지면 현 위치에서 잠정구를 칠 수 없다. 지정 지점 또는 진입 지점에서 홀컵과 거리상 원위치 보다 가깝지 않은 가까운 곳으로 이동하여 처치한다.

③ 경사면 등으로 공이 멀리 간 경우 동반자가 먼저 친 후에 퍼팅을 한다.

퍼팅 후 홀컵과 아주 가까운 거리에 안착 된 경우는 양해를 구하고 계속해서 컵인을 한다.

④ 공의 이물질을 제거하기 위하여 임의로 마크를 하고 공을 집어든 경우에는 2벌타를 적용한다.

⑤ 안전망이 있는 장애물, 벙커 등에서 백스윙 없이 끌어당기는 샷을 한 경우에는 2벌타를 적용한다.

⑥ 안전을 위하여 경기자가 샷을 할 때 동반자는 4시~6시 방향에 위치한다.

⑦ 클럽에는 어떠한 부착물도 장착할 수 없다. 단 각 클럽 회원증의 스티커는 부착할 수 있다.

3. 파크골프 경기규칙 (2021. 09. 15.)개정

1) 용어 수정

개정 전	개정 후
경기규정	경기규칙
공마크	볼 마커
티마크	티 마커
특별장소(OB 티)	별도의 표식 (OB 티)

2) 구제 처치 길이 기준

- 2클럽 이내 - OB ,분실구, 워터해저드, 수리지, 배수구, 스프링 쿨러
- 클럽 헤드 2개 길이 - 예비홀컵 위, 볼 마커 이동 시

3) 헛스윙 : 1타 가산 없음

- 벙커 러프에서 1타 가산하였으나 모든 샷에서 헛스윙 시 1타 가산 없음.

4) 연습 스윙 : 1회로 제한, 공을 맞춘 경우는 1타 가산함.

5) OB 선을 밟고 스윙 - 무벌타

6) 경기자의 공이 움직이는데 다음 경기자가 공을 맞춘 경우 - 2벌타

(개정 전은 그린에서 2벌타 이었으나 모든 샷에서 2벌타로 개정함)

7) 케주얼 워터 및 수리지에서 구제받는 위치 선정 방법

- 좌, 우측으로 스텐스가 가능한 지점으로 홀컵에 가깝지 않은 2클럽 이내 지점

8) 워터 해저드에서 위치 선정

- 공이 위치한 곳에서 좌, 우측 방향으로 홀컵에 가깝지 않은 2클럽 이내 지점 및 별도의 표식 지점

9) 동반자 전원이 사인하지 않은 스코어카드 제출 시 실격 처리

- 개정 전에는 조원 모두 실격 처리 개정 후에는 서명을 하지 않은 경기자만 실격 처리

10) 첫 번째 OB 말뚝 뒤로 OB가 나서 OB 처치 후 다음 샷 직접 깃대로 공략이 가능하다.

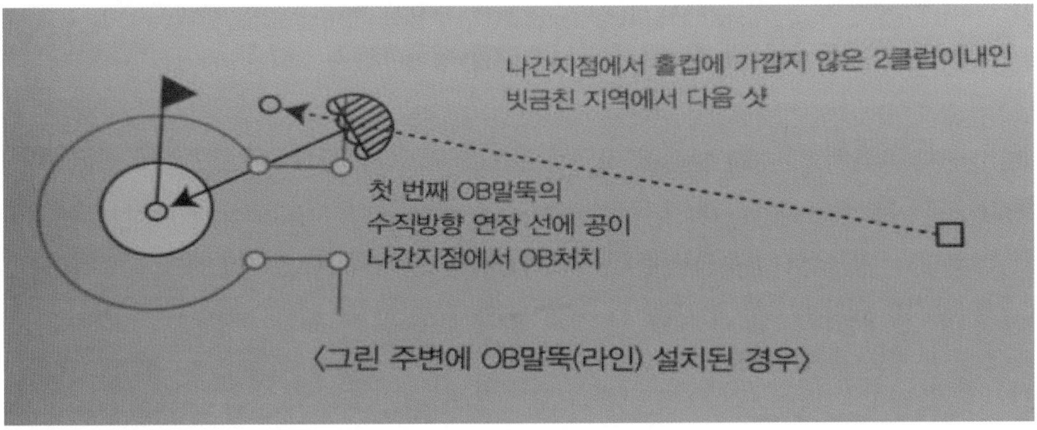

11) 언플레이어를 선언 후 2클럽 이내에 공을 놓을 수 없는 경우

- 개정 전 규칙은 티잉 그라운드 방향으로 가까운 지점에 공을 놓았다.
- 개정 후 규칙은 이전 샷을 한 지점 방향으로 가까운 지점 선정

12) 경기자가 티샷을 할 때 동반자의 위치 선정

- 개정 전은 1~2시 방향이었으나 개정 후는 4~6시 방향

13) OB 처치가 어려운 홀에서의 별도의 표식(OB 티)

- 개정 전에는 그린 주변이였으나 개정 후에는 그린 및 워터해저드 주변

14) 파크골프 클럽에 부속물 장착

- 개정 전에는 어떠한 부속물 장착 금지하였으나 개정 후에는 경기에 영향을 주는 부속물 장착 금지

4. 파크골프의 규칙 위반

1) 1벌타의 경우

① 공을 못 맞추고 주변 모래를 친 경우
② 샷을 하였으나 긴 풀을 치고 공을 못 맞춘 경우
③ 헤드에 부딪치거나 스윙 시 바람 영향으로 티에서 떨어진 경우 1타를 가산한다. 이때 그 상태에서 연속적으로 세컨 샷 하면 무 벌타 이나 다시 티 위에 올려서

치면 추가 2벌타를 적용한다.

④ 클럽을 헤드에 두다가 공을 건드린 경우

⑤ 백스윙 도중 공이 움직여 스윙을 멈춘 경우에는 1타를 가산한다. 이때 움직인 공이 OB선을 넘어가면 추가 벌타 적용한다.

⑥ 세컨 샷부터 어드레스 동작 중 클럽으로 공을 건드려 움직인 경우

2) 2벌타의 경우

① 발이 티잉 구역을 벗어난 경우에 2벌타를 적용하며 뒷꿈치가 잔디에 닿은 경우도 마찬가지이다.

② 클럽헤드나 발로 모래를 누르거나 고르는 행위(로컬룰로 허용할 수는 있다.)

③ 벙커 샷 후 되돌아 온 공을 무의식적으로 다시 샷 한 경우

④ 백스윙 없이 밀어 내듯이 샷 한 경우

⑤ 백스윙 없이 퍼 올리듯이 샷 한 경우

⑥ 발이나 클럽 등으로 퍼팅 라인을 수정 한 경우

⑦ OB 구역으로 공을 찾지 못한 경우(3분 이내)

⑧ 깃대를 뽑고 퍼팅한 경우

⑨ 그린에서 2클럽 이상의 거리에 있는 공을 동반자 요구 없는데 마크하고 공을 들어 올린 경우

⑩ 그린에서 헤드로 공을 막는 경우

⑪ OB 처치 시 2클럽 이상 옮긴 경우

⑫ 공이 워터 헤저드에 빠진 경우(그대로 칠 수 없어서 옮긴 경우, 그대로 치면 무벌타)

⑬ 티잉 구역의 흰선을 넘어간 경우(티잉 구역이 정규 규격에 못 미쳐서 흰 선이 없으면 무 벌타, 흰선이 있으면 벌타, 발은 넘어가도 무방하고 티만 넘어 가지 않으면 된다. 로컬룰로 적용 제외도 가능하다.)

⑭ 티 위에 놓지 않고 샷 한 경우(벌타2타+샷1타=합3타)

⑮ 티잉 구역 밖에서 샷 한 경우

⑯ 제3자의 사소한 영향으로 다시 티샷 한 경우(벌타 처리)

⑰ 풀 속의 공을 움직여 자신 공인지 확인 한 경우

⑱ 고의로 접근하여 공을 이동한 경우(무심결에 공을 밟은 경우는 무 벌타)

⑲ 잔디를 고의로 밟아 고르거나 수정한 경우(라이 개선 행위)

⑳ OB 선을 넘은 경우
㉑ 움직이는 공을 헤드로 막는 경우
㉒ 동반자의 공에 맞은 공을 원위치에 갖다 놓지 않고 샷 한 경우(동반자가 원위치 시켜야 한다.)
㉓ 샷을 한 공이 클럽 또는 몸에 맞은 경우
㉔ 공이 나무 등에 맞고 자신의 몸에 맞은 경우
㉕ 샷을 하면서 추가로 1회 이상 부딪치며 샷을 한 경우(움직이는 공에 샷 한 것으로 간주)
㉖ 공을 먼저 들고 마크한 경우
㉗ 마크 위치에 마커 먼저 집어 들고 공을 놓은 경우
㉘ 홀과 가까운 앞쪽 또는 옆쪽에 마크한 경우
㉙ 깨어진 공, 금이 간 공을 교체할 때 동반자의 양해를 구하지 않고 교체하여 친 경우
㉚ 우천 시 임의로 마크한 후 공을 들어 이물질을 제거한 경우
㉛ 망을 일부 걷어 올리고 샷 한 경우
㉜ 백스윙 없이 끌어 당기 듯이 샷 한 경우(백스윙 시 망을 건드린 경우는 무벌타)
㉝ 망에 붙어 있는 공을 망을 치면서 탈출시킨 경우(망 가까이 있는 공을 망 뒤에 서서 치는 것은 무 벌타)
㉞ OB 말뚝을 빼고 또는 라인을 제거하고 샷 한 경우
㉟ 나뭇가지를 발로 걷어 올리거나 꺾는 경우
㊱ 도저히 샷을 할 수 없는 경우(나무 사이에 끼는 등 – 언플레이어블 선언 후 처리)
㊲ 고정 장애물 등으로 언플레이어블 선언 후 처리한 경우
㊳ 세컨 샷부터 동반자 공을 샷 한 경우(동반자 공은 원위치 하고 자신의 공으로 다시 친다.)
㊴ 홀 아웃하고 서로 공이 뒤바뀐 것을 알게 된 경우(해당자 모두 2벌타)
㊵ 러프에 들어간 공을 3분 이내에 찾지 못한 경우
㊶ 분실로 인하여 3분 이상 시간을 지체한 경우
㊷ 앞 조와 2홀 이상 경기 간격이 비어 있음에도 경기를 진행하지 않고 지연시키는 경우 : 조원 전원 2벌타 가산(신설)
㊸ 두 명 이상 동시에 샷을 하여 동반자의 공을 맞춘 경우 홀컵과 가까운 자에게 2벌타를 부과한다.

㊹ 클럽 샤프트 그립 끝으로 공을 친 경우
㊺ 방향을 정하는 표시물을 놓고 티샷을 한 경우
㊻ 끝까지 컵인 하지 않고(OK) 공을 집어 들고 이동한 경우(더블파 적용 시 제외)
㊼ 그린에서 퍼팅에 방해된다고 임의로 좌우로 움직인 경우
㊽ 그린에서 좌우로 볼 마크 후 원위치 하지 않고 진행한 경우
㊾ OB 또는 언플레이어블 상황에서 공이 있던 장소에서 홀컵과 가깝게 또는 2클럽 이상인 곳에 공을 놓고 샷을 한 경우
㊿ 홀을 잘못 진입하여 1개 홀을 경기한 경우(3개 홀이면 3×2=6벌타)
㊿ 수리지 처치 시 수리지 밖에서 원위치 보다 홀과 가깝게 볼을 놓고 샷 한 경우
㊿ 벙커에서 스텐스가 걸친다고 벙커 밖에서 샷을 한 경우

3) 4벌타의 경우

- OB여부가 애매한 지점에서 동반자 또는 진행요원의 동의나 확인 없이 샷을 한 경우

4) 무벌타의 경우

① 케주얼워터 처치의 경우
② 벙커 내 물웅덩이 경우 벙커 내 홀과 가깝지 않은 곳으로 이동하여 샷 한 경우
③ 어드레스 시 스탠스 하는 발쪽에 물이 고여서 홀과 가깝지 않은 곳으로 2클럽 이내에 이동하여 샷 한 경우
④ 배수구, 예비홀컵, 장애물의 경우 이동하여 샷 한 경우
⑤ 수리지에서 공을 옮겨 샷 한 경우
⑥ 워터헤져드 주변 턱에 걸려 그 상태에서 샷 한 경우
⑦ 예비공이 없어서 동반자에게 빌린 경우
⑧ 티샷의 경우 거치대에 있는 동반자의 공으로 샷 한 경우(동반자 공은 수거하고 자신의 공으로 다시 친다.)
⑨ 무의식적으로 클럽에 닿아 공이 티에서 떨어진 경우
⑩ 공이 깨어지거나 금이 가서 이상이 생긴 경우 동반자의 양해를 구한 후 교체한 경우
⑪ 티잉 구역에서 뒷꿈치가 약간 나갔으나 잔디에 닿지 않은 경우
⑫ 티샷을 하였으나 공을 맞히지 못한 경우(2회 이상 반복도 무 벌타)

⑬ 무심결에 공을 밟은 경우
⑭ 어드레스 하기 전에 공이 움직여서 기다리는 경우
⑮ 어드레스 중 헤드를 공에 갖다 놓는데 공이 잠시 움직이다가 원위치 한 경우
⑯ 정지된 동반자의 공을 맞힌 경우
⑰ 2클럽 이내 처치 시 샷을 할 위치가 없는 경우에 티잉구역 방향 쪽으로 가장 근접한 곳에 공을 놓은 경우
⑱ 다른 홀(국외에서) 넘어온 공에 충돌한 경우
⑲ 티샷 시 OB선을 넘어 갔다가 타홀(국외자)의 공을 맞고 다시 돌아 온 경우
⑳ 샷 한 공이 동반자의 몸에 맞은 경우
㉑ 마크 후 집어 든 공에 이물질을 제거한 경우
㉒ 공이 펜스 또는 OB 말뚝 등을 맞고 들어와도 최종 위치가 그린이나 페어웨이 위치에 있으면 무 벌타 적용한다.
㉓ 깡통, 돌, 나뭇가지, 낙엽, 벌레, 깎은 잔디, 퇴적물 등을 제거한 경우
㉔ 위의 장애물을 치우다 공이 움직인 경우
㉕ 날아든 봉지 위에 공이 놓인 경우 제거 후 샷을 한 경우
㉖ 클럽헤드 뒷면으로 샷 한 경우
㉗ OB 구역에 들어가서 OB구역 바로 안에 있는 공을 샷을 한 경우
㉘ 공이 OB선에 물려 있는 경우
㉙ 샷을 한 공이 반쪽으로 쪼개졌을 때 샷을 한 곳으로 원위치 하여 예비 공으로 샷을 한 경우
㉚ 헤드를 모래에 살짝 대거나 어드레스 시 양발로 모래를 가볍게 문지른 경우

5) 컵 인이 인정 된 경우

① 동반자의 공을 맞고 컵 인이 된 경우(경기자의 공을 맞고 동반자의 공이 컵인 된 경우는 불인정 되고 원위치 시켜야 한다.)
② 컵 인은 OK 없이 컵 인이 될 때까지 시도 한다.

6) 경기 중 벌타 없이 공을 만질 수 있는 경우

① OB된 공을 찾아 줄 때
② 맞은 공 원위치 시킬 때
③ 마크 할 때

④ OB공 처치 할 때

7) 심판규칙(2016년) 주요 사항

① 경기 당일 : 대기시간 등에 연습 일체 불허(경기장 외에서의 연습은 가능)
② 복장 불량 : 경고
③ 다음 조에게 티샷 양보 : 경우에 따라 허용
④ 티샷 순서 결정 : 1)뽑기 2)카드기록 순 3)가위, 바위, 보 순
⑤ 퍼팅라인 밟기, 그림자 만들기, 안전, 정숙 불 유지자 : 주의(매너 문제)
⑥ 티샷 시에 공이 티에서 떨어지면 경기자 본인이 알아서 한다.
⑦ OB 판정 : 본인-동반자-경기진행요원-심판
⑧ 선수 간 감정 행위 : 주의 주고 2회 이상이면 경고
⑨ 두 번째 홀에서 순서 바뀐 경우 : 경고
⑩ 비슷한 거리 서로 먼저 치려고 할 때 : 왼쪽부터 먼저 치게 한다.
⑪ 라이 개선 행위 : 지면에 붙어 있는 선을 밟고 치는 것은 가능하나 공중에 떠 있는 선을 밟으면 2벌타〈라이 개선 행위〉-선을 옮기는 행위도 2벌타 적용한다.
⑫ 9홀이 끝이 나면 공을 교환할 수 있으나 끝나기 전에는 교환 불가
⑬ 타격해야 할 공보다 앞으로 나간 경우 : 경고
⑭ 마크 규칙 위반 시 : 2벌타 후 경고
⑮ 성명과 자기 타수를 말 하라고 요구한 뒤 기록 확인 후 샷을 하게 한다.
⑯ 그린 페어웨이 상관없이 거리 먼 곳부터 우선 먼저 샷을 하게 한다.
⑰ 전방에 배수구나 예비 홀컵 있어도 그 자리에서 샷을 하게 한다.
⑱ 아웃이 되면 동반자 등이 알 수 있도록 큰 소리로 말한다.
⑲ 스코어 기록은 아리비아 숫자와 정(正)자를 참고로 표시 가능하다.
⑳ 페어웨이 러프에서 남의 공을 치면 2벌타 이나 잘못 알고 티샷을 남의 공으로 한 경우 무벌타(본인 공으로 재 샷 시도)
㉑ OB 처리는 본인이 하고 위치 표시는 경기진행요원이 한다.
㉒ 인접 공 동반자 양해 얻어서 경기자가 처치한다.
㉓ 홀인원이 아닌 경우는 공을 꺼낸 후 퍼팅한다.
㉔ 롱홀과 도그레그 홀은 2명 이상의 경기 진행 요원을 배치한다.
㉕ 핸드폰 사용자 조치 : 가급적 무소유 원칙이나 진동으로 소지 가능(경기 중 통화는 매너 위반)

㉖ 경고 3회 이상은 별도 관리

8) 안전 수칙

① 샷 시 좌, 우 동반자와 안전거리 유지(2M 이상 떨어지기)
② 목표 방향에 동반자가 있는지 확인 후 샷 하기
③ 공이 좌, 우로 날아가면 즉시 경고성 문구 날리기
④ 경기 전 스트레칭 하기
⑤ 코스 내에서 몸 풀기 연습 스윙 하지 않기
⑥ 경기 중 본인, 동반자 등의 공이 나간 것을 보면 경기를 잠시 중단하고 이상 유무 확인하기
⑦ 미들 홀 이하에서 무리한 스윙 하지 않기
⑧ 앞의 조가 컵인 하지 않았는데 티샷 하지 않기
⑨ 앞 조와 적정 거리 유지하기
⑩ 스코어 기록은 그린을 벗어난 후 다음 홀에서 하기
⑪ 컵 인이 완료 되면 뒤의 조에게 수신호로 알려주기 등

부칙 1. 상황별 경기 규칙

상황 및 행동	적용
1. 티업하기 전	
가. 경기 전 또는 경기 중에 코스 내에서 연습 스트로크를 하는 경우	실격
나. 경기 중에 동반자에게 조언하는 경우	에티켓 위반
다. 경기 시작 후 도착한 경우	실격
2. 샷 동장	
가. 샷을 하였으나 헛스윙이 된 경우	1타 가산안함
나. 클럽의 샤프트, 그립 끝으로 공을 친 경우	2벌타
다. 백스윙 없이 밀어내기, 퍼올리기, 당기기 행위	2벌타
라. 클럽에 공이 2회 이상 연속하여 접촉하는 경우	2벌타
3. 티잉 그라운드	
가. 티잉 그라운드에서 발이 일부분이라도 벗어나서 티 샷을 한 경우	2벌타
나. 연습 스윙시 클럽헤드에 공이 맞아 티에서 떨어진 경우	1타 가산
다. 티잉 그라운드 이외의 위치에서 공을 놓고 티 샷을 한 경우	2벌타
라. 티 샷시 클럽헤드에 맞거나 바람 영향으로 공이 티에서 떨어진 경우	1타 가산
마. 티 위에 공을 놓지 않고서 티 샷을 한 경우	2벌타
바. 방양을 정하는 표지물을 목표 방향쪽에 놓고 티 샷을 한 경우	2벌타
사. 티 샷을 한 공이 티잉 그라운드를 벗어나 후면에 정지한 경우	2벌타
아. 티 샷을 하기전에 연습스윙을 2회 실시한 경우	매너위반
4. 정지된 공	
가. 놓여진 공 주위의 잔디, 모래 등을 클럽, 발 등을 이용하여 고르거나 샷을 하기 좋게 개선하는 경우	2벌타
나. 공 주변의 옮길 수 없는 장애물을 이동하는 경우	2벌타
다. 나뭇가지를 꺾거나 발로 걷어 올리는 경우	2벌타
라. 옮길 수 없는 장애물로 샷이 불가능한 경우에 언플레이어 볼을 선언하지 않고 샷을 한 경우	2벌타
마. 나무 밑둥에 놓인 공을 백스윙 없이 클럽으로 끌어 당기는 경우	2벌타
바. 긴 풀에 파묻힌 공을 건드려서 자신의 공인지를 확인하는 경우	2벌타
사. 공에 접근하면서 고의로 공을 움직인 경우	2벌타
아. 공에 접근하여 무심결에 공을 밟은 경우	무벌타
5. 움직이는 공	
가. 경기자의 공이 움직이는 중에 다음 순서의 경기자가 샷을 하여 충돌한 경우	2벌타
나. 샷을 한 공이 장애물을 맞고서 자신의 몸에 맞은 경우	2벌타
다. 어드레스 이후 백스윙 도중에 공이 움직여서 백스윙을 중지한 경우	무벌타
라. 경사면에서 움직이는 자신의 공을 클럽 또는 발로 막은 경우	2벌타

상황 및 행동	적용
마. 움직이는 경기장의 공이 동반자의 클럽, 발 등에 의해 멈춘 경우	무벌타
바. 충돌로 움직여진 동반자의 공을 원위치하지 않고 샷을 한 경우	2벌타
6. 공 교체	
가. 경기 중에 임의로 공을 교체한 경우(9개홀 내)	2벌타
7. 뒤바뀐 공	
가. 세컨드 샷부터 동반자의 공으로 샷을 한 경우	2벌타
나. 1번홀의 공 거치대에서 다른 경기자의 공으로 샷을 한 경우	무벌타
8. 공 손상	
가. 공에 금이 가서 동반자에게 통보하고 교체한 경우	무벌타
나. 공이 2개로 분리된 경우	무벌타
9. 마크	
가. 마크 요구가 없는데 공을 임의로 집어올려 이물질을 제거한 경우	2벌타
나. 공을 먼저 집어올린 후에 마크한 경우	2벌타
다. 마크한 뒤에 볼 마커를 먼저 집어든 후에 공을 놓은 경우	2벌타
라. 마크할 때 홀컵과 가깝게 공 앞 또는 옆에다 마크한 경우	2벌타
마. 장애물이 방해된다고 공을 임의로 좌·우로 이동한 경우	2벌타
바. 볼 마커를 좌·우로 이동한 후에 원위치하지 않고 샷을 한 경우	2벌타
사. 마크하는 도중에 공을 건드린 경우	무벌타
아. 티 샷을 하기 전에 동반자의 공에 대해 마크를 요구하는 경우	요구불가
자. 20m이상 떨어진 동반자의 공에 대해 마크를 요구한 경우	요구불가
차. 경기자가 마크를 요구하였는데 이에 불응한 경우	매너위반
10. 움직일 수 있는 장애물	
가. 공 주변의 낙엽, 작은 돌, 나뭇가지, 비닐봉지 등을 치운 경우	무벌타
나. 움직일 수 있는 장애물을 치우다가 공을 건드린 경우	무벌타
11. 움직일 수 없는 장애물	
가. OB 말뚝(라인)을 제거하고 샷을 한 경우	2벌타
나. 나뭇가지 등에 공이 걸려 샷을 할 수 없는 경우 또는 장애물을 훼손하면서 샷을 한 경우	2벌타
다. 어드레스하면서 안전망을 신체의 일부분으로 걷어 올리는 등의 행위	2벌타
라. 안전망 뒤에서 망을 먼저 가격하면서 공을 친 경우	2벌타
마. 백스윙 도중에 안전망을 건드린 경우	무벌타
바. 깊은 러프에서 공 주변의 긴 풀을 정리한 경우	2벌타
사. 배수구, 스프링클러, 예비 홀컵위에 걸쳐있는 경우	구제가능
아. 샷을 하는 목표방향에 고정 장애물이 있는 경우	구제불가
12. OB난 공 또는 OB난 공의 처치	
가. OB경계를 벗어난 지점에서 홀컵에 가깝게 2클럽이상 공을 놓은 경우	2벌타

상황 및 행동	적용
나. OB여부가 확인되지 않은 지점에서 동반자 또는 심판의 판정없이 임의로 샷을 한 경우	2벌타
다. OB선이 떠 있어서 샷에 지장이 있어 밟고 샷을 한 경우	무벌타
라. OB난 공을 처치하지 않고 다음 경기를 한 경우	2벌타
13. 언플레이어볼	
가. 언플레이어볼 상황에서 동반자에게 알리고 공을 집어올린 경우	2벌타
나. 언플레이어볼 선언 후에 공이 있던 지점에서 홀 컵과 가깝게 2클럽 이상의 위치에 공을 놓은 경우	2벌타
다. 2클럽 이내로 처치시 샷을 할 지점이 없을 경우에 이전 샷을 한 지점의 방향으로 샷이 가능한 지점에 공을 놓은 경우	무벌타
14. 분실한 공	
가. 경기 도중 공을 못 찾아서 분실구가 발생한 경우	2벌타
나. OB난 공이 분실된 경우	2벌타
다. 분실구 등으로 경기 지연 행위(3분 이상) 및 앞 조와의 간격이 2개홀 이상 뒤쳐진 경우	2벌타
15. 그린	
가. 퍼팅 라이를 개선하기 위하여 잔디 등을 클럽으로 고르는 경우	2벌타
나. 홀컵에서 2클럽 이상의 거리에 있는 자신의 공을 임의로 마크한 경우	2벌타
다. 홀컵에 가까이 있는 공을 컵인을 하지 않고 집어 올린 경우	2벌타
라. 홀컵에 가까이 있는 공을 한 손으로 퍼팅을 한 경우	매너위반
마. 깃대를 뽑고 퍼팅을 한 경우	2벌타
바. 컵인으로 홀아웃을 하지 않고 다음 홀로 이동하여 경기를 한 경우	실격
16. 벙커	
가. 공을 백스윙 없이 밀어내거나 퍼올리는 경우	2벌타
나. 공 주변의 모래를 고르거나 눌러서 라이를 개선하는 경우	2벌타
17. 캐주얼 워터	
가. 물웅덩이에 공, 스탠스가 걸치므로 2클럽 이상인 지점 또는 홀컵에 가깝게 공을 놓은 경우	2벌타
나. 벙커내 물웅덩이에 공, 스탠스가 걸쳐있어 벙커 밖으로 공을 꺼낸 경우	2벌타
18. 워터 해저드	
가. 워터 해저드에 공이 빠져서 샷을 할 수 없는 경우	2벌타
나. 수로에 빠져 움직이는 공을 쳐내는 경우	2벌타
다. 처치시 2클럽 이상인 지점 또는 홀컵에 가깝게 공을 놓은 경우	2벌타
19. 수리지, 배수구, 스프링쿨러	
가. 처치시 2클럽 이상인 지점 또는 홀컵에 가깝게 공을 놓은 경우	2벌타

상황 및 행동	적용
20. 홀을 잘 못 진입	
가. 다른 홀로 진입하여 1개홀을 경기한 경우	2벌타(전원)
나. 다른 홀로 진입하여 2개홀을 경기한 경우	4벌타(전원)
21. 별도의 표식(OB티)	
가. 그린 주변에서 OB난 공을 처치시 공을 놓을 장소가 없을 경우에는 해당 근접 지점의 좌 · 우측에 별도의 표식(OB티)을 할 수 있다.	가능
나. 워터 해저드 주변 좌 · 우측에도 별도의 표식(OB티)을 할 수 있다.	가능
22. 기타	
가. 스코어카드에 실제타수보다 적게 기록한 경우	실격
나. 규칙 적용을 배제하거나 부여받은 벌타를 면제하기로 합의한 경우	실격(전원)

5. 파크골프의 용어 해설

1) 샷 용어

① 티 샷 : 한 홀의 티잉 구역에서 공을 고무 티에 놓고 치는 제1타를 말한다.

② 멀리건 : 티 샷 한 볼이 잘못된 경우에 벌타 없이 다시 치는 것을 말한다.

③ 잠정구 : 공이 분실 또는 OB우려가 있을 때 한 번 더 치는 공을 말한다.

④ 어프로치 샷 : 그린 주변의 가까운 거리에서 깃대를 향하여 공을 치는 샷을 말한다.

⑤ 러프 샷 : 러프지역에 공이 있을 때 공을 직접 가격하여 탈출하는 샷을 말한다.

⑥ 펀치 샷 : 공 뒤를 내려찍어 치면서 팔로우스루를 생략하는 타법을 말한다.

⑦ 트러블 샷 : 공을 치기 어려운 상태에 놓여 있는 공을 쳐 내는 샷을 말한다.

⑧ 레이업 : 공을 치기 어렵거나 목표 방향을 확보하기 어려운 상황의 공을 다음 샷을 잘하기 위하여 좋은 위치로 쳐 내는 샷을 말한다.

2) 스윙 용어

①스윙 스트로크(Swing stroke)

스윙은 클럽을 뒤쪽으로 백스윙해서 목표 방향으로 팔로우스루 하는 움직임을 말한다. 단, 헛쳐서 공이 움직이지 않았을 경우는 스트로크로 보지 않고 헛스윙으로 본다.

② 어드레스(Address)

경기자가 스탠스를 취하여 클럽을 볼 뒤의 지면에 붙이거나 지면에 붙이지 않더라도 공을 치기 위한 자세를 취했을 경우를 말한다.

③ 테이크 백(Take back)

어드레스 자세에서 백스윙하기 위해 클럽을 뒤로 빼는 동작을 말한다.

④ 백스윙(Back swing)

어드레스를 한 다음 클럽을 뒤로 끌어 올리는 동작을 말한다.

⑤ 코킹(Cocking)

백스윙 할 때 손목을 꺾는 동작을 말한다.

⑥ 다운스윙(Down swing)

백스윙을 한 후 클럽이 정점에서 볼을 향하여 내려 오는 동작을 말한다.

⑦ 임팩트(Impact)

클럽헤드에 공을 맞추는 동작을 말한다.

⑧ 팔로우스루(Follow through)

임팩트 후에도 클럽헤드가 계속적으로 피니쉬까지 가는 단계를 말한다.

⑨ 피니쉬(Finish)

스윙의 마지막 동작을 말한다.

⑩ 하프스윙(Half swing)

전체스윙의 반만 하는 것으로 1/2스윙을 말한다.

⑪ 헤드 업(Head up)

임팩트 전 후 머리를 드는 동작, 미스 샷의 원인이 된다.

⑫ 스웨이(Sway)

스윙 할 때 몸의 중심을 필요 이상으로 좌우로 움직이는 동작을 말한다.

⑬ 슬라이스(Slice)

공이 곧게 또는 왼쪽으로 나가다가 낙하지점 부근에서 오른쪽으로 급격히 휘어지는 것을 말한다.

3) 퍼팅 용어

① 컵인(Cupin)

공이 홀컵 안으로 들어가는 것, 한 홀의 종료를 말한다.

② 라이(Lie)

공이 지면 위에 놓여 있는 상태를 말한다.

③ 퍼트(Putt)

그린에서 클럽으로 공을 홀컵에 넣는 동작을 말한다.

④ 홀 아웃(Hole out)

한 홀의 플레이어를 마치는 행위를 말한다.

⑤ 홀 혹은 컵(Hole or cup)

홀과 컵은 같은 의미를 가지고 있으며 미국에서는 컵이라 하고 영국에서는 홀이라 한다.(홀 컵이라 부르는 것은 잘못된 표현이다.)

4) 시설 용어

① 코스(Course)

플레이어가 허용되는 전 구역을 말하며 9홀 단위로 구성된 구역이다.

② 페어웨이(Fair way)

티 박스에서 그린까지 최소 3m 이상 폭의 잔디로 구성된 구역이다.

③ 러프(Rough)

페어웨이 양쪽에 바깥 지역으로 잔디 길이가 50mm 이상이다.

④ 그린(Green)

각 홀에서 깃대와 홀컵이 있어 퍼팅을 하는 지역이다.

⑤ 핀(Pin)

공의 위치를 알리기 위하여 홀컵의 중심에 세워진 옮길 수 없는 깃대(깃대를 뽑으면 2벌타)

⑥ 도그레그(Doglag)

개의 다리처럼 오른쪽이나 왼쪽으로 굽어져 있는 상태를 말하며, 티 박스에서 깃대를 향하여 직접 샷을 할 수 없도록 빨간 OB말뚝으로 표시한다.

⑦ 레이아웃(Layout)

설계에 의해 만들어진 코스 내 홀의 형상을 말한다.

5) 규칙 용어

① 로컬룰(Local rule)

당해 경기장의 특수조건에 맞게 설정된 지역적인 규칙이다.

★ 주로 적용하는 로컬룰 - 경기진행시간을 줄이기 위하여 당해 홀에서 더블파가 발생하면 더 이상 플레이어는 생략하는 경우와 대부분 롱홀(파5홀)에서의 진행시간을 줄이기 위하여 모든 홀에서 7타에 컵인을 하지 못한 경우 8타로 간주하고 그 이상의 플레이어를 생략하는 규칙 등이 있다.

② 라운드(Round)

정해진 순서에 따라 한번 도는 행위를 말한다.

③ OB(Out of bound)

흰색 말뚝이나 라인으로 표시되어 있어 이 라인을 벗어난 경우에는 2벌타를 부여한다.

④ 분실구(로스트 볼-Lost ball)

플레이어 중에 분실한 볼이나 자신의 볼이라 확인이 안 된 볼을 말한다. 경기자가 분실구를 선언해 새로운 볼로 스트로크 할 때 까지 그 볼은 분실구가 아니다.

⑤ 별도의 표식(OB티)

★ OB, 분실구, 수리지, 언플레이어블 등의 공을 규칙에 따른 위치에 놓는 것

★ 별도의 표식(OB티) : 공이 OB가 발생하였을 경우에 공이 나간 지점에서 홀컵을 보고 수직으로 서서 양팔의 좌, 우 방향으로 2클럽 이내에 공을 놓을 수 있는 장소가 없는 경우 특정 위치에 특설 티를 설치하여 다음 샷을 할 수 있도록 특정된 곳이다.

⑥ 오너(Honor)
플레이어 하는 홀의 티잉 구역에서 같은 조에서 최초로 경기할 권리를 부여 받은 자

⑦ 플레이어 상황의 볼
경기자가 티잉 박스에서 스트로크 할 때의 상황

6) 장애물 용어

① 움직일 수 있는 장애물
장애물 중에는 돌, 나뭇잎, 낙엽 동물의 분뇨, 벌레, 깍은 잔디 등과 같은 퇴적물 등으로 지면에 고정 되어 있지 않은 자연물이나 벙커 고르게, 버려둔 말뚝, 우산, 깡통, 밧줄 등의 고정되지 않은 인공 장애물을 말한다.

② 움직일 수 없는 장애물
장애물 중에는 코스에 설치되어 있는 것으로 간단히 움직일 수 없는 것이다. 또 옮겨서 곤란한 것으로 나무기둥, 철망, 배수구 뚜껑, OB말뚝이나 담장 등을 말한다.

③ 벙커(Bunker)
코스의 난이도를 높혀 변화를 주기 위해 모래 등을 넣은 웅덩이를 말하며 크로스 벙커, 사이드 벙커, 그린주변 벙커의 3종류가 있다.

④ 해저드(Hazard)
벙커, 연못, 개울 등의 워터해저드를 포함한 장애물이다.
▶ 공이 워터해저드에 들어갔을 경우 골퍼에게 3가지의 선택권
첫 번째, 헤저드에 공이 들어갔음에도 본인이 칠 수 있을 것 같으면 그냥 치는 것이다. 이 경우 벌타없이 그대로 진행된다.
두 번째, 직전에 쳤던 자리로 다시 돌아와서 치는 것이다. 이 경우 벌타2개를 부여한다. 사람마다 다르지만 웬만해서는 이 선택지는 잘 선택하지 않는다.
셋째, 마지막으로 공이 헤저드 경계에 진입한 지점과 홀컵을 가상의 선으로 연결, 그 가상의 선으로부터 직 후방 원하는 자리에 놓고 다시 친다. 이것역시 2벌타를 부여한다.

⑤ 캐주얼 워터(Casual water)

구제대상이 되는 일시적인 웅덩이(빗물 등)로 동반자의 확인을 얻어 해저드 밖의 홀컵과 가깝지 않은 지점에 놓고 샷을 한다.

⑥ 수리지

코스의 일부로 잔디를 새로 입힌 지역 등 일시적으로 플레이어를 금지하는 구역으로 상단은 5cm 청색, 하단은 흰색 말뚝으로 표시하고 있다.

⑦ 언플레이어블(Unplayable)

공을 칠 수 없을 때 행하는 플레이어 불가능에 대한 선언이다. 공을 이동시에는 2번 타를 가산하고 공이 멈추어 진 위치로부터 스탠스가 가능한 가까운 곳에 원위치보다 홀컵과의 거리가 먼 곳에 공을 내려놓고 샷을 한다.

7) 용구 용어

① 로프트(Loft)

클럽헤드를 지면에 놓았을 때 클럽페이스와 지면과의 각도이다.

② 샤프트(Shaft)

클럽의 헤드를 제외하고 막대기 모양의 부분이다.

③ 마커(Marker)

공의 위치를 확인하기 위해 공의 뒤쪽에 동전 등으로 표시를 하는 표식이다. 경기자의 스코어를 기록시키기 위해 해당 경기에서 지명된 사람이다.

④ 마크(Mark)

마커를 홀컵 방향으로 공 뒤에 놓는 동작이다.

⑤ 리플레이스(Replace)

마크를 하고 집어올린 공을 원위치로 되돌리는 것

제4장
파크골프지도사 필기시험

제1절 예상문제

▶객관식형(4지선다형)

1. 파크골프 그립 잡는 법과 거리가 먼 것은?

① 슬라이스 그립 ② 인터로킹 그립

③ 오버레핑 그립 ④ 베이스볼 그립

2. 오른손잡이 일 경우 그립 잡는 요령으로 적절하지 않는 것은?

① 통상 끝부분에서 1cm정도 짧게 내려 잡으면 좋다.

② 오른손보다 왼손의 악력을 더 준다.

③ 양손의 악력을 균등하게 잡는다.

④ 양손이 클럽을 일체화 되도록 감싸는 기분으로 잡는다.

3. 파크골프에 대한 의미로 적절하지 않은 것은?

① 지역주민의 보건 복지 및 정서 생활에 기여하는 스포츠이다.

② 공원에서 운동한다는 의미가 내포되어 있다.

③ 자유로운 커뮤니케이션 공간에서 골프의 개임 요소가 결합한 스포츠이다.

④ 녹지공간에서 개인 간 경쟁만을 위한 게임으로 탄생 되었다.

4. 파크골프가 우리나라에 도입된 시기와 구장의 명칭이 올바른 것은?

① 2002년 밀양파크골프장 ② 2003년 부주산(목포)파크골프장

③ 2004년 서울한강파크골프장 ④ 2008년 동탄파크골프장

5. 파크골프의 효과로 적절하지 않는 것은?

① 의료보험비 절감 ② 신세대 위주의 놀이문화 주도

③ 도시경관의 향상 ④ 도시의 활기부여

6. 스탠스 중 스퀘어 스탠스를 취하였을 경우 체중은 좌, 우측발에 어떻게 배분되는 것이 좋은가?

① 30 : 70　② 40 : 60　③ 50 : 50　④ 60 : 40

7. 오른손잡이의 경우 티 박스에서 스탠스를 취할 때 목표 방향 쪽 왼발을 뒤로 빼서 서는 자세 방법을 무엇이라고 하는가?

① 뉴터럴스탠스　② 클로우즈스탠스　③ 스퀘어스탠스　④ 오픈스탠스

8. 파크골프 운동에 필요한 기본 복장의 설명으로 틀린 것은?

① 기존 골프와 동일하게 복장을 착용하되 여성은 반바지 착용이 가능하다.

② 그립의 미끄럼방지 목적으로 장갑을 착용한다.

③ 신발은 운동화 또는 캐주얼화도 가능하다.

④ 여름철에는 자외선을 차단하도록 모자와 안면 가리게를 착용한다.

9. 모든 홀에서 신호와 동시에 시작하는 경기방식을 무엇이라고 하는가?

① 매치플레이　② 스트로크　③ 샷건방식　④ 서던데스

10. 어드레스를 한 후에 클럽헤드를 공이 나아가는 방향과 반대쪽으로 움직이는 동작을 무엇이라고 하는가?

① 백스윙　② 백스윙 탑　③ 임팩트　④ 팔로우스루

11. 다음 중 옮길 수 있는 장애물은?

① 안전망　② 깍은 잔디　③ 나무지지대　④ OB말뚝

12. 페어웨이의 OB선 부근에서 어드레스를 한 후 공을 치려고 백스윙을 하였는데 공이 움직여서 샷 행위를 멈추었으나 공이 OB선을 넘어간 경우에 몇 타를 가산하는가?

① 1타가산　② 2타부가

③ 총3타부가　④ 벌타 부가 없이 원위치에 둠

13. 경기 중 지켜야 할 안전 수칙이 아닌 것은?

① 경기자는 목표 방향 쪽에 동반자가 있으면 샷을 하지 않는다.
② 경기 시작하기 전과 경기 도중에는 몸풀기 식의 연습 스윙을 통해 수시로 몸을 푼다.
③ 공이 좌, 우측으로 많이 벗어나 동반자 또는 다른 사람에게 공이 나가면 빨리 피하라고 경고성 문구를 날린다.
④ 경기자가 샷을 할 때 동반자는 안전거리와 각도를 유지해야 한다.

14. 상황별로 발생 시에 적용하는 규칙으로 옳지 않은 것은?

① 홀 컵을 지나쳐서 움직이는 공을 클럽헤드로 막는 경우 2벌타
② 경기진행에 영향을 미치는 언행이나 행동을 한 경우 2벌타
③ 2회 이상 반복해서 티샷을 하였는데 헛스윙 하여 공을 맞히지 못한 경우 무벌타
④ 무의식적으로 클럽에 의해 공이 티 위에서 떨어진 경우 무벌타

15. 2번 홀에서 샷의 순서를 정할 때 적용하는 방법이다. 맞는 것은?

① 먼저치고 싶은 사람이 친다.
② 1번 홀에서 최저 타순으로 적용한다.
③ 1번 홀에서 정한 순서를 적용한다.
④ 2번 홀에서 1번 홀에서와 같은 방법으로 다시 순서를 정한다.

16. 파크골프 특성으로 옳지 않은 것은?

① 두 번째 샷부터 공을 치는 순서는 깃대에서 먼 공부터 샷을 한다.
② 자신을 포함한 동반자가 모두가 퍼팅이 끝나면 홀을 떠나면서 다음 조에게 OK 수신호를 해준다.
③ 운동하는 1개 조는 3~4명으로 한다.
④ 스코어카드에 개인의 타수 기록은 끝난 홀의 그린 위에서 한다.

17. 깃대를 향해 어프로치 샷을 시도한 결과 홀컵의 10cm 전에 공이 안착 되었으면 이 후 어떤 조치가 가장 바람직한가?

① 동반자에게 양해를 구하고 먼저 컵인 한다.

② 동반자에게 자신의 공에 대해 마크를 요청한다.

③ 경기가 다소 지연되지만 자신의 공을 마크를 사용하여 마크한다.

④ 준비된 동반자가 다음 샷을 하도록 그대로 둔다.

18. 다음 중 안전망 주변에 공이 안착되어 다음 샷을 시도하게 되었다. 벌타에 해당하지 <u>않는</u> 것은?

① 공을 치고서 폴로스루 스윙 단계 시 클럽헤드가 안전망에 닿은 경우

② 백스윙 시 안전망을 건드리면서 공을 끌어당긴 경우

③ 안전망 뒤쪽에서 망을 먼저 치면서 공을 치는 경우

④ 그물망을 신체 일부분으로 받치면서 샷을 한 경우

19. 그린이 별도로 표시되지 않은 곳에 깃대가 꽂혀 있다. 이때 그린으로 인정할 수 있는 것은?

① 1클럽 이내 ② 2클럽 이내 ③ 3클럽 이내 ④ 4클럽 이내

20. 경기자가 티 박스에서 티샷을 하였는데 공이 우측으로 많이 밀려 OB구역 쪽으로 나아갔다. 이후 OB 여부를 판정해야 하는 사람은 누구인가?

① 경기자 본인 ② 심판 ③ 동반자 ④ 앞 조의 경기자

21. 연습 방법 중 전습법은 어떤 경우에 가장 효과적인가?

① 특정 부분 동작 학습이 어려울 때

② 학습자의 기억 능력이 한계가 있을 때

③ 운동과제가 독립적인 부분 동작일 때

④ 과제가 단순할 때

22. 그린에서 볼 마크가 퍼팅에 방해가 되어 옮길 때 좌우 방향으로 얼마만큼 이동할 수 있는가?

① 1클럽 이내　② 2클럽 이내　③ 클럽헤드 길이　④ 한 뼘 정도

23. 파크골프는 좋은 매너 준수가 요구된다. 다음 중 이에 해당하지 <u>않는</u> 것은?

① 동반자 모두 홀 아웃하면 다음 티 박스로 이동하면서 다음 조에게 OK 수신호를 해준다.
② 컵 인이 되면 자신의 타수를 알려준다.
③ 그린 위에서 먼저 퍼팅 시 동반자의 퍼팅 라인을 무심결에 밟아도 된다.
④ 공이 비슷한 위치일 경우 상호 간에 자연스레 순서를 정한다.

24. 파3 홀에서 티 위에 올려놓지 않고 티샷을 하였는데 OB가 나서 처치 후 다음 샷을 하여 컵인이 되었다. 모두 몇 타에 해당하는가?

① 3타　② 4타　③ 5타　④ 6타

25. 다음은 벌타에 대한 설명이다. 벌타가 주어지는 것은?

① 샷을 한 공이 나무 기둥에 맞고 튕겨 나와 자신의 몸에 맞았을 때
② 샷을 한 공이 동반자의 공을 맞혔을 때
③ 샷을 한 공이 동반자의 몸에 맞았을 때
④ 공 주변에 있는 나뭇가지를 치우다가 공을 움직였을 때

26. 스윙의 단계 중 공을 치고 난 뒤 마지막 자세를 유지하면서 시선이 공을 따라가는 단계를 무엇이라고 하는가?

① 다운스윙　② 임팩트　③ 팔로우스루　④ 피니쉬

27. 대회 시 참가선수 중 가장 적은 타수를 기록한 경기자가 2명 이상일 경우 홀을 지정하여 승자를 가리는 경기방식은?

① 스트로크 플레이 방식　② 서던데스 방식
③ 매치플레이 방식　④ 백카운트 방식

28. 다음은 움직이고 있는 볼의 규칙에 대한 설명으로 옳은 것은?

① 샷 한 볼이 나무 기둥에 맞고 튕겨 나와 자신의 몸에 맞았을 경우 2벌타

② 샷을 하였는데 클럽에 볼이 다시 맞았을 경우 무벌타

③ 자신의 볼이 정지해 있는 동반자의 볼에 맞았을 경우 2벌타

④ 샷 한 공이 동반자의 몸에 맞았을 경우 2벌타

29. 기준 타 보다 2타를 많게 홀 아웃 하였다면 무엇이라 호칭하는가?

① 더블파 ② 보기 ③ 더블보기 ④ 트리플보기

30. 18명의 동호인이 운동을 하려고 하는데 몇 개의 조로 편성하는 것이 경기 흐름으로 좋은가?

① 3개조 ② 4개조 ③ 5개조 ④ 6개조

31. OB에 대한 룰(Rule) 중 옳은 것은?

① OB말뚝을 맞고 페어웨이에 볼이 놓여 진 경우 : 무벌타

② OB말뚝과 말뚝 사이를 통과 후 다시 페어웨이에 볼이 놓여 진 경우 : 2벌타

③ OB말뚝을 벗어나서 고정 장애물을 맞고 페어웨이에 볼이 놓여 진 경우 : 2벌타

④ OB말뚝과 말뚝 간의 연장선상에 볼이 걸쳐 있는 경우 : 2벌타

32. 샷의 종류 중 긴 풀에 안착하여 깃대를 향해 치거나 페어웨이로 빼내려고 시도하는 샷을 무엇이라고 하는가?

① 티샷 ② 페어웨이 샷 ③ 러프 샷 ④ 벙커 샷

33. 파크골프 용구를 설명한 것이다. 해당하지 않는 것은?

① 클럽의 길이는 86cm이내, 무게600g 이하이며, 재질은 헤드는 목재, 샤프트는 카본이나 유리 섬유로 하여야 한다.

② 티(Tee)의 높이는 2.3cm, 재질은 고무, 용도는 티잉 그라운드에서 티샷 시 사용한다.

③ 볼 마크는 샷 할 때 동반자의 공이 방해가 되면 요청에 따라 공의 현 위치를 표시하는데 사용하며, 동전 등도 가능하다.

④ 파크골프 전용 볼은 직격 5cm, 중량80~95g, 재질은 플라스틱이어야 한다.

34. 상황별 룰(Rule)중 옳지 않는 것은?

① 벙커에서 볼을 맞히지 못하였으나 모래를 친 경우 1타 가산

② 벙커에서 클럽헤드 밑바닥이 모래에 살짝 닿을 경우 무벌타

③ 캐주얼워터의 룰(Rule) 중 어드레스 시 스탠스에 물이 고여 홀과 가깝지 않은 곳으로 이동한 경우 무벌타

④ 나무기둥 밑 또는 그물망 밑에 있는 볼을 헤드 뒷면으로 샷 한 경우 2벌타

▶○, X문제

35~39번은 맞으면 ○, 틀리면 X 표를 하시오.

35. 파(Par)는 표준타수를 의미하며 9홀 기준 27타 18홀 54타 이다.(   )

36. 티샷은 반드시 티 위에 볼을 놓고 샷을 해야 한다.(   )

37. 페어웨이에서 20m 이내에 있는 동반자 볼의 마크를 요구할 수 없다.(   )

38. 티의 높이는 2.3cm 이하이다.(   )

39. 샷을 한 공이 수풀 또는 긴 러프에 들어가 분실구가 되었을 경우 2벌타를 가산한다.(   )

▶주관식 문제

40. 페어웨이에서 경기자가 목표 방향에 공이 있을 경우 마크를 요구하게 되면 지명된 사람을 자신의 공의 위치를 확인하기 위해 공의 뒤쪽에 표시하는 표식을 무엇이라고 하는가?(   )

41. 파크골프장 별로 시설물과 설치물의 차이로 일반적인 경기규칙 이외 코스 내에 필요에 의해서 자체적으로 정한 규칙을 무엇이라고 하는가?

42. 경기도 중 목표 방향에 동반자의 공이 있을 경우 마크를 요구하게 되는데 몇 미터 이내의 공에 대하여 말할 수 있는가?(   )

43. 티 박스에서 목표 방향을 정한 다음 티 위에 놓인 공을 치려고 클럽 헤드를 갖다 대면서 자세를 취하는 것을 무엇이라고 하는가?(   )

▶서술형(다음 내용을 간단히 서술 하시오.)

44. 파크골프 경기 방법 중 스트로크플레이(Strok Play)와 매치플레이(Match Play)에 대해 설명하시오.

① 스트로크플레이(Strok Play)

② 매치플레이(Match Play)

45. 오너(Honor)에 대해 서술 하시오.

46. 어프로치 샷에 대하여 서술하시오.

47. 코스 내에서 지켜야 할 매너 5개 이상 열거하시오.

48. 동점자 처리 규칙 중 서던데스 방법을 설명하시오.

① 니어방식 :

② 니어핀방식 :

49. 설치물 5가지 이상을 나열하시오.

50. 시설물 5가지를 나열하시오.

◉ 정답지

번 호	정 답	번 호	정 답	번 호	정 답	번 호	정 답
1	①	11	②	21	④	31	①
2	③	12	③	22	③	32	③
3	④	13	②	23	③	33	④
4	③	14	②	24	④	34	④
5	②	15	②	25	①	35	X
6	③	16	④	26	④	36	○
7	④	17	①	27	②	37	X
8	④	18	①	28	①	38	○
9	③	19	②	29	③	39	○
10	①	20	①	30	④		

◉ 주관식/서술형

번 호	정 답
40	볼마크
41	로컬룰
42	20m
43	어드레스
44	스트로크플레이 : 일반적으로 행해지는 방식으로 전체 홀을 라운드한 후 가장 적은 타수를 기록한 사람이 승자가 되는 방식 매치플레이 : 매 홀마다 적은 타수로 컵인을 한 사란이 홀마다 승자를 정하고 이긴 홀이 많은 사람이 최종 승자가 되는 방식
45	티박스에서 같은 조원 중에 제일 먼저 티샷을 하는 권리를 가진 선수를 말한다.
46	비교적 그린의 가까운 주변에서 홀컵을 향하여 굴려서 샷을 하는 것(시험은 25m정도 지점에서 실시함)
47	절대금연하기, 한손 퍼팅 하지 않기, 동반자 퍼팅라인 밟지 않기, 동반자에게 그림자를 지우지 않기, 홀을 빠져나간 후 기록하기, 불필요한 언동 삼가기, 혼자서 2개이상 사용하지 않기, 복장수칙 지키기, 돈내기 음주 않기, 컵인 후 뒷 조에 손 흔들기 등
48	니어방식 : 홀컵에 가까이 붙인 자를 승자로 하는 방식 니어핀방식 : 컵인 자 중에 홀컵에 가장 가까이 붙여서 컵인 한 자를 승자로 하는 방식
49	홀 표지판, 순서뽑기, 깃대, 홀컵, 배수구, 안전망, OB말뚝, OB존
50	클럽하우스, 티잉구역, 페어웨이, 러프, 벙커, 그린, 워터헤저드, 스프링클러 등

제2절 기출문제

1. 준 지도자 기출문제

▶4지선다형(1 ~20)

1. 전국대회에 참가할 선수가 출전할 수 없는 경우를 나열하였다. 출전이 가능한 경우는?

① 시, 도 협회에서 선발된 선수가 지정된 기일까지 서면 보고가 되지 않은 경우

② 시, 도 협회에서 선발된 선수가 대회당일 개인사유로 불참하여 예비후보로 교체한 경우

③ 시, 도 협회에서 선발된 선수가 지정된 기일까지 서면 보고가 되었는데 행정착오로 누락되어 대회당일 확인 된 경우

④ 대회당일 지정된 시간까지 선수 등록 및 용구검사를 받지 않은 경우

2. 징계규정 중 징계기준이 제일 높은 것이 "제명"이다. 이에 해당하는 것은?

① 금품수수행위 ② 진행요원 또는 심판의 품위손상 행위

③ 선수 부정 등록행위 ④ 경기장 시설 및 기물파괴 행위

3. 시설물과 설치물 중 설치물만 고르시오.

〈보기〉 가. 출발 표지판 **나. 그린** **다. 안전망** **라. OB말뚝** **마. 페어웨이**

① 가, 나, 다 ② 나, 다, 마 ③ 가, 다, 라 ④ 나, 라, 마

4. 통상 9개 홀로 구성된 파크골프장은 어떻게 구성 되는가?

① Par3홀 3개, Par4홀 3개, Par5홀 3개

② Par3홀 4개, Par4홀 3개, Par2홀 3개

③ Par3홀 3개, Par4홀 4개, Par5홀 2개

④ Par3홀 4개, Par4홀 4개, Par5홀 1개

5. 성인용 파크골프 클럽의 재원으로 맞는 것은?

① 무게600g이하, 길이86cm ② 무게700g이하, 길이88cm

③ 무게600g이하, 길이84cm ④ 무게700g이하, 길이86cm

6. 티박스에서 스탠스를 취하는 경우 목표방향 발(오른손잡이는 왼발)을 열어서 서는 스탠스를 무엇이라고 하는가?

① 스퀘어스탠스 ② 오픈스탠스 ③ 클로우즈스탠스 ④ 뉴터럴스탠스

7. 샷의 종류 중 긴 풀에 안착하여 깃대를 향하여 치거나 페어웨이로 빼내려고 시도하는 샷을 무엇이라고 하는가?

① 티샷 ② 페어웨이 샷 ③ 러퍼 샷 ④ 벙커 샷

8. 1번 홀 이후 2번 홀에서 샷의 순서를 정하는 방법은?

① 1번 홀에서 정한 순서를 적용한다.

② 1번 홀에서 먼저 홀 아웃한 순서대로 한다.

③ 1번 홀에서 최저 타순으로 적용한다.

④ 2번 홀에서 1번 홀에서와 같은 방법으로 다시 순서를 정한다.

9. 깃대를 향하여 어프로치 샷을 한 결과 홀컵 10cm에 공이 안착되었다면 이후 어떤 조치가 바람직한가?

① 준비된 동반자가 다음 샷을 하도록 그대로 둔다.

② 동반자에게 자신의 공에 대해 마크를 요청한다.

③ 경기가 다소 지연되지만 자신의 공을 마커를 사용하여 마크한다.

④ 동반자의 양해를 구하고서 컵 인을 시도한다.

10. 파크골프는 좋은 매너 준수가 요구된다. 거리가 먼 것은?

① 그린 위의 동반자의 퍼팅 라인을 밟지 않는다.

② 컵인 후 자신의 타수를 알려준다.

③ 동반자 모두 홀 아웃하면 그린 위에서 점수를 기록 한 뒤 이동하면서 다음 조에게 OK수신호를 한다.

④ 공이 비슷한 위치일 경우 상호간에 자연스레 순서를 지정한다.

11. Par5홀에서 티샷을 하였으나 살짝 맞아 티에서 떨어져서 연속해서 2번째 샷을 하였고 3타 째는 OB지역으로 들어가 공을 찾지 못해 분실구 처리하여 예비공으로 처치한 후에 2타 만에 컵인이 되었다면 몇 타를 기록 하여야 하는가?

① 7타 ② 8타 ③ 9타 ④ 10타

12. 벌타 부가에 해당하는 경우는?

① 샷 한 공이 동반자의 공을 맞혔을 때

② 샷 한 공이 동반자의 몸에 맞았을 때

③ 샷을 한 공이 나무 기둥에 맞고 튕겨 나와 자신의 몸에 맞았을 때

④ 그물망을 신체 일부분으로 받치면서 샷을 한 경우

13. 안전망 주변에 공이 안착되어 다음 샷을 시도할 때에 2벌타에 해당하지 않는 경우는?

① 안전망 뒤쪽에서 망을 먼저 치면서 공을 치는 경우

② 백스윙 시 안전망을 건드리면서 공을 끌어당긴 경우

③ 공을 치고서 팔로우 스윙 단계 시 클럽헤드가 안전망에 닿은 경우

④ 그물망을 신체 일부분으로 받치면서 샷 한 경우

14. 샷 한 공이 반쪽으로 쪼개진 경우 조치는 어떻게 하는가?

① 반쪽 중 큰 부위를 사용하여 다음 샷을 시도한다.

② 반쪽으로 쪼개진 공의 위치에서 예비 공을 놓고 샷을 한다.

③ 공이 쪼개지는 상황이 드문 경우이므로 자신의 판단하에 나누어진 공의 위치상 더 좋은 쪽을 선택하여 다음 샷을 시도 한다.

④ 샷을 했던 곳으로 원위치하여 예비 공을 다시 샷을 한다.

15. 페어웨이 샷을 준비하는 동작이다. 잘못된 것은?

① 자신의 공에 진흙이 붙어 있어서 이를 제거하였다.
② 경기 흐름을 위해 연습 스윙을 생략하였다.
③ 그린 지점 근거리에서 깃대 주변의 장애물을 직접 눈으로 확인한다.
④ 자신의 주변에 동반자가 근접해 있는지 확인한다.

16. 대회에서 동타가 2명 이상 있을 때 홀을 지정하여 승자를 가리는 방식은?

① 스트로크플레이 방식 ② 서든테스 방식
③ 매치플레이 방식 ④ 백카운트 방식

17. 기준 타수보다 3타 많게 홀 아웃 하면 무엇이라고 호칭하는가?

① 더블파 ② 보기 ③ 더블보기 ④ 트리플보기

18. 그린에서 볼 마커가 퍼팅에 방해가 되면 이를 좌, 우로 옮겨달라고 할 수 있는데 얼마만큼 이동할 수 있는가?

① 1클럽이내 ② 2클럽이내 ③ 클럽헤드길이 ④ 한뼘정도

19. 경기 중 동반자 또는 제 3자의 공을 맞힌 경우 처치 방법이 아닌 것은?

① 동반자의 공에 충돌하고서 경기자의 공이 홀컵에 들어가면 컵 인이 인정 안 된다.
② 공끼리 충돌하여 동반자의 공이 홀컵에 들어가면 컵 인이 인정 안 된다.
③ 샷을 하여 동반자의 공에 맞고서 자신의 공이 OB되면 OB처리를 한다.
④ 자신이 샷을 하여 페어웨이로 굴러가다가 다른 조에서 친 공에 맞아 OB가 나면 OB처리 된다.

20. OB여부를 판정한 경우이다. 틀린 것은?

① OB말뚝을 맞고 페어웨이에 안착 된 경우 2벌타 처리한다.

② 2개의 OB말뚝 사이를 통과하여 OB지역으로 나아가다 페어웨이에 안착 된 경우 무벌타 처리한다.

③ 안전망을 뛰어 넘어 OB지역으로 굴러가다가 페어웨이 안착된 경우 무벌타 처리한다.

④ 2개의 OB말뚝 사이를 통과하여 OB지역으로 나아가다 고정 장애물을 맞고서 페어웨이에 안착된 경우 무벌타 처리한다.

▶단답형(21 ~ 25)

21. 티잉구역에서 목표 방향을 정한 다음 티 위에 놓인 공을 치려고 클럽헤드를 갖다 대면서 취하는 자세를 (   )라 한다.

22. OB는(   )의 약칭으로 코스 내 홀의 경계구역을 벗어난 것을 말한다.

23. 전국에 산재되어 있는 파크골프장을 9홀부터 54홀 까지 시설이 유지 되어 있다. 경기에 적용되는 일반적인 규칙 외에 당해 코스에 필요에 의해 자체적으로 정해진 규칙을 (   )이라고 한다.

24. 파크골프 용구 중 공의 지름은 (   )cm 이다.

25. 파5 홀에서 2타로 컵 인 되었다면 (   )라고 한다.

▶준 지도자 기출문제 정답

번 호	정 답	번 호	정 답	번 호	정 답
1	③	11	①	21	어드레스
2	①	12	③	22	Out of bounds
3	③	13	③	23	로컬 룰
4	④	14	④	24	6cm
5	①	15	①	25	알바트로스
6	②	16	②		
7	③	17	④		
8	③	18	③		
9	④	19	①		
10	③	20	①		

2. 3급 기출문제

▶단답형 및 주관식 O, X 문제(1 ~ 5)

1. 물음에 답하시오.

① 파크골프클럽의 길이와 무게는 얼마인가?

* 길이(　　　cm) 중량(　　　g이하)

② 공의 지름과 홀컵의 지름은?

* 공(　　　cm) 홀컵 내경(　　　~　　　cm)

2. 코스내이 장애물에 대해 아는 대로 나열하고 어떤 용도 인지 기술하시오.

*

*

*

3. 아래 사항을 읽고 물음에 답하시오.

Par5 홀에서 2타를 하면 알바트로스라고 하는데 4타와 6타를 하면 무엇이라고 하는가?

＊4타-

＊6타-

4. 벌타 규정을 설명한 것이다. O,X를 선택 하시오.(10점)

① 워터해저드에 공이 빠졌지만 칠 수 있다고 판단되어 직접 샷을 하였는데 클럽이 물에 닿았으므로 2벌타를 부가한다.(　　)

② OB가 된 분실 공을 찾지 못하여 OB로 인한 2벌타, 공이 분실되어 교체하였으므로 벌타 총 4벌타를 부가한다.(　　)

③ 벙커 내에 나뭇가지가 있어서 치우고 샷을 하였는데 동반자가 2벌타를 부가하였다.(　　)

④ 우천 시 페어웨이에서 자신의 공에 진흙이 묻어있어서 이를 동반자가 2벌타를 부여 하였다.(　　)

⑤ 티샷을 하였는데 공을 맞히지 못하고 헛스윙이 되어 다시 스윙을 하였다. 이때 공에 헤드가 살짝 스쳐서 티에서 떨어졌는데 모두 2타를 가산하였다.(　　)

5. 파크골프를 처음 배우는 초보자를 오전 9시부터 11시까지 강습을 시킨다면 어떻게 강습을 할 것인가? 기술하시오.

▶4지 선다형 (6번 ~18번 : 각3점)

6. 파크골프협회가 추진하는 사업이 아닌 것은?

① 각종 대회 개최 및 주관

② 파크골프의 보급 확산을 교육 및 홍보

③ 국민생활체육 산하 유산단체와 공조 및 선의 경쟁

④ 경기규칙의 제정 및 해석

7. 전국대회에 참가할 수 없는 경우를 나열한 것이다. 출전이 가능한 경우를 고르시오.

① 시 · 도 협회에서 선발 된 선수가 지정기일까지 서면 보고가 되지 않는 경우

② 선발된 선수가 대회 당일 개인 사유로 불참하여 예비 후보 선수로 교체된 경우

③ 시 · 도 협회에서 선별 된 선수가 지정기일까지 서면 보고가 되었는데 행정착오로 누락되어 대회 당일 확인 된 경우

④ 대회 당일 지정된 시간까지 선수 등록 및 용구 검사를 받지 않은 경우

8. 징계기준 중 제일 높은 것이 제명이다. 이에 해당하는 것은?

① 징계 중에 있는 자가 징계 대상 행위를 재범 한 자

② 진행 요원 및 심판의 품위 손상 행위

③ 금품과 향응 제의 또는 요구 행위

④ 경기장 시설 및 기물 파괴 행위

9. 지도자 자격 취득 후 다음 년도부터 보수 교육을 받아야 하는데 의무 수강 미필자는 자격정지 또는 자격 취소 처분을 받게 되는 경우를 나열하였다. 틀린 것은?

① 1회 미필자 : 자격정지 3개월

② 2회 미필자 : 자격정지 6개월

③ 3회 미필자 : 자격정지 12개월

④ 보수 교육 대상 기간 중 파크골프 서적 발간 : 교육 이수로 간주

10. 통상 9개 홀로 구성된 파크골프장의 구성 내용은?

① Par3홀 3개, Par4홀 3개, Par5홀 3개

② Par3홀 4개, Par4홀 3개, Par2홀 3개

③ Par3홀 3개, Par4홀 4개, Par5홀 2개

④ Par3홀 4개, Par4홀 4개, Par5홀 1개

11. 티잉구역에서 스탠스 자세를 취하는 경우 목표방향 발을(오른손 잡이는 왼발) 닫고서 서는 스탠스 자세는?

① 스퀘어스탠스 ② 오픈스탠스 ③ 클로즈스탠스 ④ 누터럴스탠스

12. 긴 풀에서 빼 내려고 치는 샷은?

① 티 샷 ② 페어웨이 샷 ③ 러프 샷 ④ 벙커 샷

13. Par5 홀 티잉구역에서 티샷을 하였으나 살짝 맞아 티에서 떨어져서 다시 티 위에 올려서 2타를 쳤고 그 공이 긴 풀 속에 빠져 분실구 처치하고 2타 만에 컵 인이 되었다면 몇 타로 기록해야 하는가?

① 7타 ② 8타 ③ 9타 ④ 10타

14. 샷 한 공이 반쪽으로 쪼개진 경우 조치는 어떻게 하는가?

① 반쪽 중 공의 큰 부위를 사용하여 다음 샷을 한다.

② 반쪽 공 중에서 큰 부위의 위치에 예비 공을 놓고 다음 샷을 한다.

③ 공이 쪼개지는 경우가 극히 드문 경우이므로 자신의 판단 하에 나누어진 공의 위치상 더 좋은 쪽을 선택하여 다음 샷을 시도 한다.

④ 샷을 했던 곳으로 원 위치 하여 예비 공으로 다음 샷을 한다.

15. 티 샷 이후 페어웨이에서 다음 샷을 위한 준비동작 중 <u>잘못된</u> 것은?

① 자신의 공인지를 확인하기 위하여 진흙을 살짝 제거한다.

② 경기 흐름에 방해 되지만 연습 스윙을 수차례 실시해 본다.

③ 자신의 주변에 동반자가 근접해 있는지 확인한다.

④ 그린 지점 근거리에서 깃대 주변의 장애물을 직접 확인한다.

16. 코스 내의 연못, 냇물, 나무, 수풀 등 장애물은 무엇이라고 하는가?

① 벙커　　② 러프　　③ 해저드　　④ OB지역

17. 전국대회 규모 대회에서 실격사유와 거리가 <u>먼</u> 것은?

① 홀 배치 후 선수가 도착한 경우

② 진행요원 또는 심판판정이 잘못 되었다고 본부석에 이의를 제기한 경우

③ 스코어 카드를 실제 타수보다 적게 합산하여 제출한 경우

④ 대회 공인구를 사용하다가 흠집이 나서 동반자의 양해 하에 자신이 가지고 있던 공으로 교체하여 사용한 경우

18. 깃대 주변 퍼팅 시 먼 거리에 있는 A선수가 컵 인을 시도하고 있는데 옆에서 어드레스 하던 B가 동시에 퍼팅을 하여 두 공이 충돌을 하여 A의 공이 컵 인이 되었다. 이때 적용 받는 규칙은?

① 순서를 지키지 않았으므로 2명 모두 2벌타를 부여 한다.

② 순서를 지키지 않았으므로 근거리에 있던 B선수에게만 2벌타를 부가하고 A선수는 벌타 없이 컵 인을 인정한다.

③ 근거리의 B선수는 순서를 지키지 않았으나 벌타 없이 현 위이에서 다음 경기를 진행하고 A선수에게만 다시 퍼팅 기회를 부여한다.

④ 순서를 지키지 않았으나 충돌 이후 공이 있는 위치를 인정하여 계속 경기를 진행한다.

▶단답형(19 ~ 25)

19. 티샷 할 때 공을 놓고 치는 티의 높이는?(　　　　)

20. 경기 중 나무 밑 둥이나 긴 풀 등 고정 장애물 때문에 도저히 샷을 할 수 없을 때 동반자에게 이를 알리고 공을 처치하는 것을 무엇 선언이라고 하는가?
(　　　　)

21. 코스 내에서 지켜야 할 매너 5개 이상 기술하시오.

22. 깃대의 높이는(원통 위쪽부터)?(　　　　　)

23. 페어웨이의 최소 폭은(　　　) 잔디 길이는(　　　)이하이다.

24. 심폐소생술 시행을 위한 장비는?(　　　　)

25. 스포츠 단체의 존재를 일반인이나 팬들에게 알리고 관심을 갖도록 하여 팬들과의 친밀감을 느낄 수 있도록 고안된 각종 마케팅 활동을 무엇이라고 하는가?
(　　　　　　　)

▶3급 기출문제 정답

번 호	정 답
1	① 길이 : 86cm 중량 : 600g이하 ② 공의 지름 : 6cm 홀컵지름(20~-21cm)
2	- 움직일 수 없는 장애물 : 나무, 기둥, 철망, 배수구뚜껑, OB말뚝, 화단, 담장 등 - 벙커 : 모래웅덩이, 크로스벙커, 그린벙커 - 워터헤저드 : 연못, 분수대 등
3	- 4타 : 버디, 6타 : 보기
4	① X ② X ③ X ④ O ⑤ X
5	- 첫 번째로 생활체육으로서의 파크골프가 운동으로서 우리의 건강에 어떻게 기여하는가에 대한 이해를 시키고 앞으로 파크골프에 대한 교육계획에 대한 설명을 하고 파크골프의 역사와 특성 등에 대하여 설명을 한 다음 - 두 번째로 매너와 안전수칙에 대한 교육을 위하여 유인물과 함께 강의를 하고 - 세 번째로 파크골프에 대한 흥미를 느낄 수 있도록 약간의 실습을 위하여 부상 방지와 안전을 위하여 준비운동의 필요성부터 설명 하고 샷에 대한 지도를 위하여 클럽을 잡는 방법과 기본적인 스퀘어 스탠스 자세에서 공을 놓는 위치와 공을 맞히는 자세와 실제 티 샷을 해보도록 하여 흥미를 가지도록 유도하면서 첫 번째 시간을 사용하도록 하겠습니다.

번 호	정 답	번 호	정 답	번 호	정 답
6	③	15	②	21	- 코스내 흡연금지 - 홀을 빠져나가서 스코어 기록하기 - 동반자 퍼팅라인 밟지 않기 - 양손 퍼팅하기, 깃대뽑지 않기 - 앞조와 간격 유지하기 - 동반자에게 화풀이 하지 않기 - 음주 돈내기 하지 않기 - 벙커내 발자국 남기지 않기 - 혼자 공2개 이상 사용하지 않기 등
7	③	16	③		
8	①	17	②		
9	④	18	④		
10	④	19	2.3cm		
11	③	20	언플레이어블	22	2~2.5m
12	③			23	3m, 30mm
13	③			24	AED
14	④			25	프로모션(흥행-밀어부치다)

3. 3급 이상 기출문제

▶4 지선다형 (1~28번 : 각 2점)

1. 생활체육의 정의를 나열한 것으로 맞는 것은?

① 유아부터 노인에 이르기까지 전 세대를 대상으로 한 계획적인 체육 활동이다.

② 특수층을 대상으로 한 운동 종복 중에는 기존 골프를 포함하여 유사 종목인 파크골프도 이에 해당한다.

③ 스포츠 참여와 실천으로 "Sports for all" 의미로 개인 또는 단체 간 경제력 뒷받침이 반드시 요구 된다.

④ 학교 교육과정에 파고 들어가 다소 강제성을 띠고 있지만 그 효과와 능률이 크게 나타나고 있다.

2. 국민생활체육진흥법 시행령 중 지도자 자격제도가 개정되었다. 파크골프 생활체육 2급 지도사 필기과목에 해당하지 않는 것은?

① 스포츠심리학, 운동생리학 ② 스포츠사회학, 스포츠교육학

③ 운동역학, 스포츠 윤리학 ④ 신체구조학, 건강학

3. 국민생활체육은 "건강하고 행복한 대한민국"을 비전으로 제시하고 "스마일100"을 정책 목표로 선정하였다. 다음 중 올바른 설명은?

① 스포츠를 통해 100세까지 ② 마음껏 즐기면서 100세까지

③ 일상적인 기회로 100세까지 ④ 모두 맞다.

4. 스윙 단계 중 공을 치고 난 뒤 마지막 자세를 유지 하면서 시선이 공을 따라가는 단계를 무엇이라고 하는가?

① 다운스윙 ② 팔로우스루 ③ 임팩트 ④ 피니쉬

5. 운동 방법 중 전습법 어떤 경우에 가장 효과적인가?

① 운동과제가 독립적인 부분 동작일 때 ② 과제가 단순할 때

③ 학습자의 기억 능력이 한계가 있을 때 ④ 동작 협응이 조잡하다.

6. 운동기능 학습의 3단계 중 초보가 단계를 가장 잘 설명한 것은?

① 운동표상이 명료하다. ② 운동계획이 세분화된다.

③ 근육의 힘이 적절하다. ④ 동작 협응이 조잡하다.

7. 벙커의 종류을 나열하였다. 아닌 것은?

① 크로스 벙커 ② 사이드 벙커 ③ 메인 벙커 ④ 그린 벙커

8. 티잉구역 티박스 크기가 맞는 것은?

① 1mx1m~1.5mx1.5m이내 ② 1mx1m~2mx2m이내

③ 1.5mx1.5m~2mx2m이내 ④ 1.5mx1.5m~2.5mx2.5m이내

9. 표장사용 인증료에 관한 사항으로 인증료 면제 대상이 아닌 것은?

① 영리 목적이 아닌 경우

② 파크골프 진흥에 협력적인 경우

③ 기타 공인시설, 용구 공인인증 심의 위원회에서 인정하는 경우

④ 개인 영리 목적으로 하는 경우

10. 3급 지도자의 기본 업무 범위가 아닌 것은?

① 시 · 군 연합회 이하 동호인 지도

② 3급 지도자 강습교육

③ 시 · 도 협회 단위 대회 심판(진행요원) 보조

④ 준 지도자 평가

11. 오른손잡이의 그립 잡는 요령이다. 아닌 것은?

① 오른손보다 왼손에 악력을 더 준다.

② 양손의 악력을 균등하게 잡는다.

③ 양손이 클럽을 일체화 하도록 감싸는 기분으로 잡는다.

④ 통상 그립 끝 부분에서 1cm짧게 내려 잡는 것이 좋다.

12. Par4홀에서 경기자가 지면으로부터 5cm 높이의 티잉구역에서 왼발 뒷꿈치를 벗어나게 스탠스 후 티샷을 하고 이후 세컨 샷을 시도 하다가 헛스윙 2회 실시한 다음 깃대 2m에 공이 안착 되어 2타 만에 컵 인이 되었다. 몇 타로 기록을 해야 하는가?

① 4타 ② 5타 ③ 6타 ④ 7타

13. 2벌타에 해당하지 않는 것은?

① 제2타부터 어드레스 하려고 클럽헤드에 공을 두는 데 공이 움직인 경우

② 벙커에서 백스윙 없이 공을 끌어당긴 경우

③ 페어웨이에서 자신의 공이 아닌 동반자의 공으로 샷을 한 경우

④ 우천 시 페어웨이에 있는 공에 진흙이 묻어 있어서 이를 제거한 경우

14. 재정 측면에서 스포츠 이벤트의 성패를 제일 확실하게 나타내는 것은?

① 입장권 판매 ② 라이센스 허가 ③ 물품의 판매 ④ 특별시설

15. 기업이 스포츠를 후원하는 대표적인 이유라고 볼 수 없는 것은?

① 기업 이미지 제고 ② 훌륭한 시민상 형성

③ 지역사회에 대한 관심 ④ 제품과 서비스의 가시성

16. 티잉구역에 40cm 흰색 선이 표시되어 있다. 경기규칙에 맞게 지켜지는 경우는? (현재는 정규 티잉구역 규격이 맞지 않은 구장이 많아서 적용하지 않음, 일본은 적용하고 있음)

① 양발의 위치가 흰색 선을 넘어가도 무방하다.

② 양발의 위치가 흰색 선을 넘어가도 무방하므로 넘어선 양발의 가운데 공을 두고

서 어드레스 한다.

③ 한쪽 발이라고 흰색 선을 넘어가면 안 된다.

④ 한쪽 발이라도 흰색 선을 넘어가면 안 되므로 남은 구역에서 양발의 가운데 공을 두고서 어드레스 한다.

17. 스포츠 용품 가격을 1만 원, 100만 원 등의 화폐 단위를 맞추지 않고 9,900 원 99만 원으로 가격을 정하여 제시하는 경향이 있는데 이런 가격을 무엇이라고 하는가?

① 준거가격 ② 관습가격 ③ 단수가격 ④ 명성가격

18. 인공호흡을 실시 방법 중 확인 사항으로 맞는 것은?

① 환자의 가슴이 올라가는지 확인 ② 맥박이 뛰는지 확인

③ 체온 확인 ④ 출혈여부 확인

19. 파크골프 연혁 중 맞지 <u>않는</u> 것은?

① 우리나라에 2000년 도입 되어 최초로 소개되었다.

② 전국파크골프협회(구연합회) 창설일은 2008년 12월 5일이다.

③ 2019년 현재 전국적으로 약 220여개의 파크골프장과 6만 여명의 동호인이 파크골프를 즐기고 있다.

④ 파크골프협회는 대한체육회의 준 가맹단체다.

20. 징계 규정 중 징계기준이 제일 높은 것은?

① 징계 중에 있으면서 징계 대상 행위를 재범 한 자

② 심판의 품위 손상 행위

③ 경기장 시설 및 기물 파괴 행위

④ 금품과 향응 제의 또는 요구 행위

21. 파크골프의 효용가치에 대한 설명 중 맞지 <u>않는</u> 것은?

① 국토환경 및 생태환경에 기여한다.

② 뉴 관광 사업으로 지역경제 활성화에 도움을 준다.

③ 지역주민의 복지증진과 지역사회 공동체 정신에 기여한다.

④ 노인 운동으로 고용을 창출한다.

22. 스포츠 상품이란?

① 정보 가치만을 가진다.

② 교환 가치만을 가진다.

③ 정보가치와 교환가치를 가진다.

④ 기회비용만을 가진다.

23. 선수 참가자의 원활 한 수송을 위한 대책으로 잘못된 것은?

① 귀빈에게만 신분증을 발급한다.

② 버스 기사 전원이 중앙 발차 담당 통신 기기로 연결되어 있는 지를 확인한다.

③ 버스업체가 보험을 가입 했는지를 확인한다.

④ 의전상 필요한 경우를 대비해 경호 서비스를 준비한다.

24. 동점자 처리 규칙 중 대회요강에 제시 한 바에 따라 홀의 역순으로 타수를 비교하여 순위를 가리는 경기방식은?

① 스트로크플레이 방식　　② 서든데스 방식

③ 매치플레이 방식　　④ 백카운트 방식

25. 경기 용구에 대한 설명이다. 틀린 것은?

① 상세 기준에 의한 측정 방법으로 무게는 80g~95g이다.

② 재질은 합성수지로 되어 있다.

③ 국민생활체육 전국파크골프협회 표장을 표시한다.

④ 공의 표면은 딤플효과 (위우기 등)를 얻도록 요철을 넣어 디자인한다.

26. 정기적인 운동이 성격에 미치는 영향으로 바르지 못한 것은?

① 정서적 안정감과 자기 신뢰감이 발생한다.

② 운동자 본인의 성격이 내향적으로 변모한다.

③ 약간 신경과민증 등에도 긍정적인 영향을 미친다.

④ 장시간 동안 강한 운동은 지적 수행을 방해할 수 있다.

27. 전국대회에 진행요원 또는 심판으로 참가 하여 홀에 배치되었다. 역할이 <u>잘못된</u> 것은?

① 선수를 잘 식별하기 위하여 공의 색상을 스코어 카드에 참고로 메모하였다.

② 경기 시간이 지연되지 않도록 OB경계 구역을 멀리 벗어난 공을 나간 지점 근처에 두고서 OB처치를 요구하였다.

③ 경기 시작 시 홀 배치되어 스코어 카드에 기록된 명단 순서대로 티샷 순서를 따르도록 진행하였다.

④ 선수가 볼 마커를 소지하고 있지를 않아서 대신하여 마크를 해주었다.

28. 움직일 수 있는 장애물이 <u>아닌</u> 것은?

① 돌 ② 깡통 ③ 나뭇잎 ④ 이동표지판

▶단답형(29 ~ 30)

29. 전국대회개최에서 2일간 54홀 경기에 참가하여 경기자가 161타로 합산되었다면 기준타수보다 얼마나 적게 친 것인가? (타)

30. 전국대회에서 동타 시 순위를 결정 하는 방법 중 "서든데스"를 적용한다. Par3 홀에서 어떻게 순위를 결정하는가?

▶3급이상 기출문제 정답

번 호	정 답	번 호	정 답	번 호	정 답
1	①	11	②	21	④
2	④	12	①	22	③
3	④	13	①	23	①
4	④	14	①	24	④
5	②	15	①	25	④
6	④	16	①	26	②
7	③	17	③	27	③
8	③	18	①	28	④
9	④	19	④	29	-37타
10	②	20	①		
30	대회본부에서 지정한 홀에서 적은 타수가 이기는 방법을 말하는데, 시간을 절약하기 위하여 동타 시(조건부)티샷의 홀컵에 가까운 접근 여부 등에 따라 단1회에 순위를 결정하는 니어방식, 또는 가까이 붙인 순위와 컵인 까지 순위를 가리는 니어핀 방식				

4. 협회 정관 문제

▶4지 선다형 문제(1 ~ 25)

1. 대한파크골프협회 목적을 나열한 것이다. 거리가 <u>먼</u> 것은?

① 국민에게 널리 보급하여 국민 체력 향상에 기여한다.

② 건전한 여가 선용과 명랑한 기풍을 진작 시킨다.

③ 동호인을 지원, 육성하되 우수한 선수를 중점 육성한다.

④ 스포츠를 통한 국위선양에 이바지한다.

2. 대한파크골프협회의 사업목적과 활동이 <u>아닌</u> 것은?

① 파크골프선수 및 심판, 지도자, 운영요원 등의 양성과 자격 부여

② 파크골프 동호인 조직 및 스포츠클럽 육성 지원

③ 파크골프 시설, 장비의 개발 개량 및 이와 관련된 공인

④ 시 · 도 회원단체의 사업 수행에 필요한 재원 조달용 회비 모금 사업

3. 대한파크골프협회 전국 규모 사업의 주최는 누가 맡는가?

① 요청한 시 · 도협회 ② 요청한 시 · 군 · 구협회

③ 대한파크골프협회 ④ 대한체육회

4. 대한파크골프협회는 대한체육회로부터 받은 수익금의 얼마를 시 · 도 협회에 배분을 하는가?

① 10분의2 ② 10분의3 ③ 10분의5 ④ 10분의7

5. 총회가 의결할 사항이 <u>아닌</u> 것은?

① 협회의 해산 및 정관 변경에 관한 사항

② 시·도 협회 및 전국 규모 연맹체의 설치, 회원가입과 제명

③ 협회 임원의 선출 및 해임에 관한 사항

④ 각종 운영 위원회의 설치 운영에 관한 사항

6. 시 · 도 협회장이 협회 임원이 되면 대의원 자격을 상실하는데 해당 단체에 누가 대의원을 승계하는가?

① 회장 ② 부회장 ③ 사무국장 ④ 이사

7. 정기총회 개최 일자가 맞는 것은?

① 매 회계연도 종료 후 12월 마지막 수요일 또는 개최하려는 날부터 최소 2개월 전에

② 매 회계연도 종료 후 1월 마지막 수요일 또는 개최하려는 날부터 최소 3개월 전에

③ 매 회계연도 종료 후 1월 마지막 수요일 또는 개최하려는 날부터 최소 2개월 전에

④ 매 회계연도 종료 후 12월 마지막 수요일 또는 개최하려는 날부터 3개월 전에

8. 대의원총회 개회 및 의결 정족수를 나열하였다. 맞는 것을 고르시오.

① 개회는 재적대의원 과반수 출석, 의결은 출석 대의원 과반수 출석

② 개회는 재적대의원 과반수 출석, 의결은 재적 대의원의 과반수 찬성

③ 개회는 재적대의원 과반수 출석, 의결은 출석 대의원 다수결 찬성

④ 개회는 재적대의원의 과반수 출석, 의결은 재적 대의원 다수결 찬성

9. 임원의 불신임 내용이 아닌 것은?

① 임원에 대하여 전체적 또는 부분적으로 해임할 수 있다.

② 임원 전원 해임 시에도 임원의 임기 경과에 따라 선별적으로 해임할 수 있다.

③ 해임 안은 재적 대의원의 과반수의 찬성으로 발의된다.

④ 해임 안이 의결 되었을 때는 해당 임원은 즉시 해임된다.

10. 이사회 의결 사항이 아닌 것은?

① 규정의 재정 및 개정에 관한 사항

② 기본재산의 편입 및 처분에 관한 사항

③ 협회 임원의 선출 및 해임에 관한 사항

④ 각종 위원회의 설치 및 운영에 관한 사항

11. 회장은 회장 선출 기구에서 선출 하는데 몇 명으로 구성해야 하는가?

① 100명 이상 200명 이내 ② 100명 이상 300명 이내
③ 200명 이상 300명 이내 ④ 200명 이상 400명 이내

12. 선거 결과 후보자에게 기탁금을 전액 반환해 주는 경우는 유효 투표수의 얼마의 비율을 득표해야 하는가?

① 100분의 15이상 ② 100분의 10에서 15미만
③ 100분의 10이상 ④ 100분의 15에서 20미만

13. 회장 궐위 시 직무대행 잔여기간이 1년 이상이 남아 있으면 회장을 선출하여야 하는데 그 기간은 궐위 일로부터 몇 일 이내에 선출해야 하는가?

① 30일 이내 ② 45일 이내 ③ 60일 이내 ④ 90일 이내

14. 선거에 중립성에 관한 공정성 확보를 위하여 나열한 내용 중 <u>아닌</u> 것은?

① 소재지 관한 선거관리위원회에 위탁할 수 있다.
② 선거 관리 위원회위원은 총회의 동의를 얻어 회장이 위촉 하여야 한다.
③ 7인 이상 11인 이내의 위원으로 구성하여야 한다.
④ 협회와 관계없는 외부인이 전체 위원의 3분의 2이상 이어야 한다.

15. 협회임원의 동일인 겸직제한에 대한 사항을 나열하였다. <u>아닌</u> 것은?

① 대의원 총회가 의결한 경우 다른 종목의 회원단체 임원을 선임할 수 있다.
② 선거관리 위원회 위원은 임원에 해당 되지 않음으로 겸직 할 수 있다.
③ 회계감사는 다른 종목 단체의 감사를 겸임 할 수 있다.
④ 다른 종목 단체의 회장 선출에 후보자가 되려는 경우는 후보자 등록이 시작하는 30일 전까지 협회 임원직을 사임하여야 한다.

16. 임원의 결격사유 중 재직기간 중 형법 제355조 및 제356조에 규정된 죄를 범한 자 중 벌금 얼마 이상자는 결격사유에 해당 하는가?

① 200만 원 ② 300만 원 ③ 400만 원 ④ 500만 원

17. 협회 회장과 이사이 임기는 최소 얼마인가?

① 2년 ② 3년 ③ 4년 ④ 5년

18. 협회감사의 임기를 1회 중임하면 몇 년인가?

① 2년 ② 4년 ③ 6년 ④ 8년

19. 회장과 임원이 사임 하는 경우를 나열하였다. 아닌 것은?

① 회장이 사임할 경우에는 직무 대행자에게 사직서를 제출하여야 한다.

② 임원이 사임할 경우에는 회장에게 사직서를 제출한다.

③ 임원이 사임할 경우에는 회장 또는 직무 대행자에게 사직서를 제출 하여야 한다.

④ 임원이 사직서를 제출한 경우에는 제출과 동시에 사임한 것으로 본다.

20. 시 · 도협회는 독자적인 명칭을 갖게 되어 있다. 경상북도에 알맞은 명칭은?

① 경상북도 파크골프연합회 ② 경상북도 파크골프회원 단체

③ 경상북도 파크골프협회 ④ 파크골프 경상북도 협회

21. 대한파크골프협회 및 시 · 도협회는 제 규정 관리, 표창, 징계 등에 관한 사항을 심의 의결하기 위하여 스포츠공정위원회를 설치한다. 스포츠공정위원회 구성 요건에 해당하지 않는 것은?

① 판, 검사, 변호사 직에 5년 이상 종사한 사람

② 시 · 도 체육회 시·군 협회에서 임직원으로 근무 중인 사람

③ 스포츠 또는 법률 관련 분야 학문을 전공하고 대학이나 공인된 연구기관에서 5년 이상 종사한 사람

④ 스포츠 분야에서 10년 이상 종사한 경력이 있는 사람

22. 협회에서 사업수행과 목적 달성을 위하여 이사회 자문기구로 각종 위원회 및 분과 위원회를 구성 하는데 있어 몇 명의 위원으로 이루어지는가?

① 7명 이하 ② 10명 이하 ③ 15명 이하 ④ 20명 이하

23. 협회 사무처에 대한 사항을 나열하였다. 잘못된 것은?

① 사무처에는 사무처장(전무이사)와 직원을 둔다.
② 사무처장은 협회의 임원이 될 수 없다.
③ 사무처장은 회장의 지휘 감독을 받아 사무처의 업무를 총괄한다.
④ 협회는 임원의 친족을 사무처 직원으로 채용할 수 있다.

24. 협회 사무처에 대한 설명 중 아닌 것은?

① 사무처 운영과 관련하여 이사회 의결이 없는 한 이사는 사무처의 통상적인 사무에 대하여 관여할 수 없다.
② 회장과 감사는 사무처의 통상적인 사무에 대하여 관여할 수 있다.
③ 직원의 경우는 회장의 허가를 받지 아니 하고도 다른 직무를 겸할 수 있다.
④ 사무처장 및 직원은 법령 및 인사 규정에 의하지 아니 하고는 본인의 의사에 반하여 면직되지 아니한다.

25. 협회조직에 관한 사항이다. 틀린 것은?

① 특별시, 광역시, 특별자치 시 · 도 등 시도협회는 협회의 대의원 총회 의결을 거쳐서 회원 단체로 가입 할 수 있다.
② 시 · 도 협회는 협회 회원단체로 가입 절차를 거친 후 해당 시·도 체육회 회원종목단체로 가입하여야 한다.
③ 협회는 대의원 총회의 의결을 거쳐 전국 규모 연맹체를 설치할 수 있다.
④ 전국 규모 연맹체는 시 · 도 연맹체를 하부조직으로 가입시킬 수 있다.

▶단답형 문제(26 ~ 30)

26. 경북체육회 스포츠 공정위원회규정 제27조[징계대상] 제2항 "회원종목단체규정 제 20조 제4항 및 시 · 군 체육회규정 제25조 제4항에 따라 도 체육회 임직원 도 파크골프협회 임직원, 시 · 군 체육회 임직원, 군 파크골프협회 임직원에 대한 징계 요구가 있을 때에는(　　　　)가 징계한다.

27. 징계 혐의자가 사임(사직), 임기만료, 미등록, 명예퇴직 등의 사유로 도 체육회, 도 파크골프협회, 시 · 군 체육회, 시 · 군 파크골프협회에 소속되어 있지 않더라고 소속 당시 행한 비위행위에 관하여 징계할 수 (   )있다.

28. 스포츠공정위원회 규정 제28조[징계기관의 분류] ① 도 체육회는 도 파크골프협회가 결정한 징계사항과 시 · 군 체육회가 결정한 징계 사항에 대한 이의신청 기관이다. 다만 시 · 군 파크골프협회가 결정한 징계사항은 시 · 군 체육회가 이의 신청 기관으로서 징계를(   ) 결정한다.

29. 제24조[위원회의 설치의무]도 파크골프협회 및 시 · 군 체육회는 "회원종목단체 규정" 제38조와 시 · 군 체육회 규정 제39조 및 이 규정에 따라 해당 단체의 (   )를 설치하여야 한다.

30. 도 스포츠공정위원회 규정은 도 체육회, 도 파크골프협회, 시 · 군 체육회 및 시 · 군 파크골프협회 또는 지회와 단체의 임원 및 그 단체에 등록된 지도자, 선수, (   )심판, 운동부에게 적용한다.

▶정관 문제 정답

번 호	정 답	번 호	정 답	번 호	정 답
1	③	11	②	21	②
2	④	12	①	22	③
3	③	13	③	23	④
4	③	14	②	24	③
5	④	15	④	25	④
6	②	16	②	26	시 · 군스포츠공정위원회
7	②	17	③	27	있다
8	①	18	①	28	최종
9	②	19	②	29	스포츠공정위원회
10	③	20	③	30	체육동호인

부 록

전국 파크골프장 정보

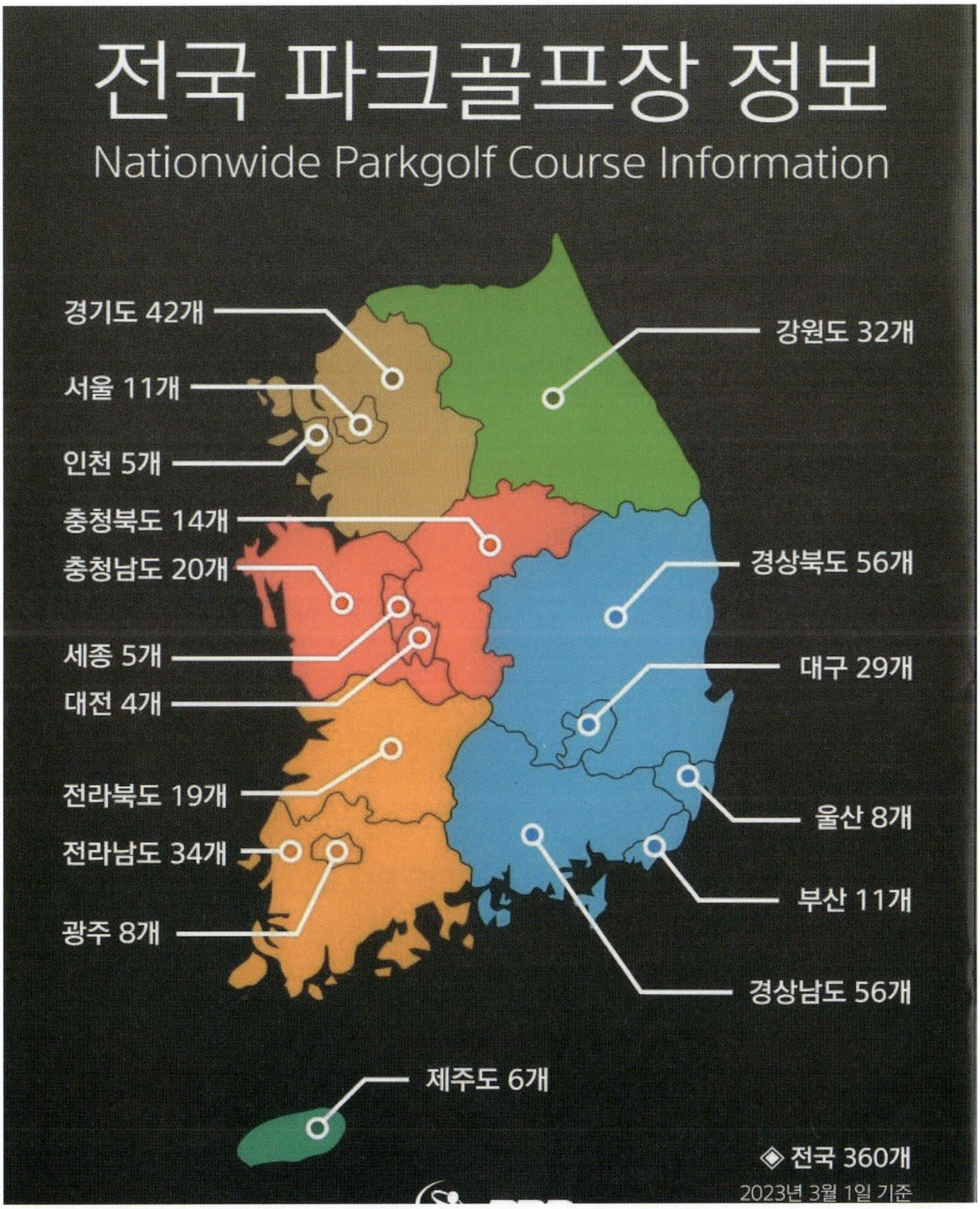
전국 파크골프장 정보
Nationwide Parkgolf Course Information
경기도 42개
서울 11개
인천 5개
충청북도 14개
충청남도 20개
세종 5개
대전 4개
전라북도 19개
전라남도 34개
광주 8개
강원도 32개
경상북도 56개
대구 29개
울산 8개
부산 11개
경상남도 56개
제주도 6개
◈ 전국 360개
2023년 3월 1일 기준

2023년 전국 파크골프장 현황

연번	지역	지역번호	파크골프장명	주소	홀수
1	강원도	1	양양송이조각공원 파크골프장	강원도 양양군 양양읍 송암리 540	45
2	강원도	2	지경리파크골프장	강원도 양양군 현남면 지경리	9
3	강원도	3	녹송파크골프장	강원도 정선군 정선읍 봉양리 37-3	18
4	강원도	4	북평파크골프장	강원도 정선군 북평면 북평리 149-1	18
5	강원도	5	횡성파크골프장	강원도 횡성군 횡성읍 앞들동2로 45-19	18
6	강원도	6	둔내파크골프장	강원도 횡성군 둔내면 둔방내리 563-3	9
7	강원도	7	청일파크골프장	강원도 횡성군 청일면 유평리 613-1	18
8	강원도	8	화천파크골프장	강원도 화천군 하남면 춘화로 3225-56	18
9	강원도	9	화천 산천어파크골프장	강원도 화천군 하남면 춘화로 3061-17	18
10	강원도	10	강릉파크골프장	강원도 강릉시 입암동 572-3	18
11	강원도	11	주문진 신리파크골프장	강원도 강릉시 주문진읍 신리천	9
12	강원도	12	철원군파크골프장	강원도 철원군 갈말읍 군탄리 869	18
13	강원도	13	홍천강변파크골프장	강원도 홍천군 홍천읍 갈마곡리 267-10	18
14	강원도	14	영월파크골프장	강원도 영월군 영월읍 팔괴로7-15	9
15	강원도	15	태백파크골프장	강원도 태백시 백두대간로 179 태백스포츠파크 내	18
16	강원도	16	평창 파크골프장	강원도 평창군 평창읍 종부리 969-1	18
17	강원도	17	대화 파크골프장	강원도 평창군 대화면 하원동길 25	18
18	강원도	18	용평 파크골프장	강원도 평창군 용평면 갈정지길 55-35	9
19	강원도	19	봉평 파크골프장	강원도 평창군 봉평면 기운동길 12	18
20	강원도	20	고성군파크골프장	강원도 고성군 토성면 도원리 115-27	18
21	강원도	21	한반도섬 파크골프장	강원도 양구군 양구읍 파라호로 855번길	27
22	강원도	22	속초시파크골프장	강원도 속초시 관광로 363번길 92	18
23	강원도	23	속초 경동대 파크골프장	강원도 속초시 도리원길 5	9
24	강원도	24	행구동파크골프장	강원도 원주시 행구로 362 행구수변공원	9
25	강원도	25	문막파크골프장	강원도 원주시 문막면 문막리 1071-17	18
26	강원도	26	원주시파크골프장	강원도 원주시 태장동1346-16 둔치	36
27	강원도	27	삼척시미로파크골프장	강원도 삼척시미로면 강변 고수부지	9
28	강원도	28	춘천파크골프장	강원도 춘천시 서면 박서로800	18
29	강원도	29	소양강파크골프장	강원도 춘천시 장학리 459-11	18
30	강원도	30	동해시파크골프장	강원도 동해시 동해대로6314 망상컨멘션센타 옆	18
31	강원도	31	인제군파크골프장	강원도 인제군 인제읍 남북리 살구미길 27-5	27
32	강원도	32	현리근린공원파크골프장	강원도 인제군 기린면 현리 785 근린공원	9
33	경기도	1	청심빌리지파크골프장	경기도 가평군 설악면 송산리711 청심빌리지	9
34	경기도	2	가평파크골프장	경기도 가평군 청평면 대성리 388-13	36
35	경기도	3	화정파크골프장	경기도 고양시 덕양구 은빛로77	9
36	경기도	4	정발파크골프장	경기도 고양시 일산동구 마두동819 정발산배수지	9
37	경기도	5	중산파크골프장	경기도 고양시 일산동구 중산로217 중산공원	9

연번	지역	지역번호	파크골프장명	주소	홀수
38	경기도	6	성저파크골프장	경기도 고양시 일산서구 대화동2325	18
39	경기도	7	광주시파크골프장	경기도 광주시 경안동 청석공원 내 파크골프장	18
40	경기도	8	구리시파크골프장	경기도 구리시 수택동 왕숙천 구리시환경사무소	9
41	경기도	9	김포레코파크골프장	경기도 김포시 걸포동2-81	9
42	경기도	10	남양주파크골프장	경기도 남양주시 다산동739 다산근린공원 앞 왕숙천	18
43	경기도	11	남양주장애인파크골프장	경기도 남양주시 별내동910	9
44	경기도	12	동두천파크골프장	경기도 동두천시 동두천로27 송내주공5단지	9
45	경기도	13	성남시파크골프장	경기도 성남시 분당구 수내동 탄천변	9
46	경기도	14	수원시파크골프장	경기도 수원시 권선구 서수원로577번길 171 서수원칠보체육관	9
47	경기도	15	시흥파크골프장	경기도 시흥시 목감동 신도시 내	9
48	경기도	16	시흥시청파크골프장	경기도 시흥시 장현동 300 시흥시청 옆	9
49	경기도	17	안산신길파크골프장	경기도 안산시 단원구 신길동1748	18
50	경기도	18	나리공원파크골프장	경기도 양주시 광사동 나리공원 내	18
51	경기도	19	장애인파크골프장	경기도 양주시 진건읍 송능2리(광해군묘)	9
52	경기도	20	양평파크골프장	경기도 양평군 강상면 교평리419	63
53	경기도	21	양평장애인파크골프장	경기도 양평군 강상면 교평리419	18
54	경기도	22	서종파크골프장	경기도 양평군 서종면 문호리922-4 서종문화체육공원 내	9
55	경기도	23	여주파크골프장	경기도 여주시 현암동 616-3	36
56	경기도	24	연천파크골프장	경기도 연천군 군남면 군남대교옆	36
57	경기도	25	연천재인폭포오토캠핑장 파크골프장	경기도 연천군 연천읍 고문리130-1	9
58	경기도	26	죽전파크골프장	경기도 용인시 수지구 죽전동555-4 죽전체육공원(하수처리장)	9
59	경기도	27	양지파인리조트파크골프장	경기도 용인시 처인구 양지면 남평로112 양지파인리조트	9
60	경기도	28	용인파크골프장	경기도 용인시 포고면 용인애버랜드 옆(체육공원내)	9
61	경기도	29	의정부파크골프장	경기도 의정부시 장암동146-10(호장교 밑)	18
62	경기도	30	장호원파크골프장	경기도 이천시 장호원읍 오남리 304-5(청미천 둔치)	18
63	경기도	31	운정호수공원파크골프장	경기도 파주시 소리천로91	9
64	경기도	32	파주파크골프장	경기도 파주시 교하로577(심학산배수지입구)	18
65	경기도	33	파주금강산랜드파크골프장	경기도 파주시 월롱면 위전리89	9
66	경기도	34	평택파크골프장	경기도 평택시 비전동 1005-1	9
67	경기도	35	일동파크골프장	경기도 포천시 일동면 새낭로267	18
68	경기도	36	하남시파크골프장	경기도 하남시 미사대로505 미사경정공원 내	18
69	경기도	37	미사리파크골프장	경기도 하남시 미사동608 하남나무고아원	9
70	경기도	38	동탄제2신도시파크골프장	경기도 화성시 동탄면 방교동789	18
71	경기도	39	이천시파크골프장	경기도 이천시 안흥동 33번지	18
72	경기도	40	동두천파크골프장	경기도 동두천시 송내동 696	18

연번	지역	지역번호	파크골프장명	주소	홀수
73	경기도	41	하남시파크골프장	경기도 하남시 미사대로 505	36
74	경기도	42	포천시파크골프장	경기도 포천시 일동면 사직리 913-4	36
75	경상남도	1	거창파크골프장(제1구장)	경상남도 거창군 거창읍 심소정길 39-36	18
76	경상남도	2	거창파크골프장(제2구장)	경상남도 거창군 심소정길 39-36	18
77	경상남도	3	거창강변파크골프장(3구장)	경상남도 거창군 거창읍 대평리 강변	18
78	경상남도	4	거창파크골프장(제4구장)	경상남도 거창군 거창읍 심소정길 강변	18
79	경상남도	5	거창파크골프장(제6구장)	경상남도 거창군 가조면 일부리 1121-1	9
80	경상남도	6	조만강파크골프장	경상남도 김해시 장유면 칠산로 127-25	36
81	경상남도	7	술뫼파크골프장	경상남도 김해시 한림면 시산리 495-2	72
82	경상남도	8	마사파크골프장	경상남도 김해시한림면생림면마사리915-7	36
83	경상남도	9	밀양파크골프장	경상남도 밀양시 삼문동 631번지	45
84	경상남도	10	가곡파크골프장	경상남도 밀양시 가곡동 743-2	9
85	경상남도	11	삼랑진파크골프장	경상남도 밀양시 삼랑진읍 송지리 456-6	9
86	경상남도	12	하남파크골프장	경상남도 밀양시 하남읍 수산리 418-5	9
87	경상남도	13	가산파크골프장	경상남도 양산시 동면 가산리807	36
88	경상남도	14	웅상파크골프장	경상남도 양산시 웅상읍 소주동 소남교 둔치	18
89	경상남도	15	황산파크골프장	경상남도 양산시 물금읍 증산리967-1	36
90	경상남도	16	원동파크골프장	경상남도 양산시 원동면 용당들길 43-62	9
91	경상남도	17	상락원파크골프장	경상남도 진주시 판문오동길115번길62-33	6
92	경상남도	18	남강파크골프장	경상남도 진주시 칠암동 남강둔치	9
93	경상남도	19	송백파크골프장	경상남도 진주시 금산면 송백리 663	36
94	경상남도	20	종합경기장파크골프장	경상남도 진주시 동진로 415 진주종합경기장내	9
95	경상남도	21	정촌파크골프장	경상남도 진주시 정촌면	9
96	경상남도	22	하대둔치파크골프장	경상남도 진주시 하대동	9
97	경상남도	23	도동파크골프장	경상남도 진주시 초전동	9
98	경상남도	24	평거파크골프장	경상남도 진주시 평거동	18
99	경상남도	25	상평파크골프장	경상남도 진주시 상평동	9
100	경상남도	26	사봉파크골프장	경상남도 진주시 사봉면 사군로 583	18
101	경상남도	27	대원파크골프장	경상남도 창원시 의창구 두대로 46 (대상공원내)	9
102	경상남도	28	풍호파크골프장	경상남도 창원시 진해구 풍호동 26-1	9
103	경상남도	29	광석파크골프장	경상남도 창원시 진해구 장천동 765번지	6
104	경상남도	30	장천파크골프장	경상남도 창원시 진해구 진해대로1099번길 149	18
105	경상남도	31	창원시 대산드림파크골프장	경상남도 창원시 의창구 대산면 북부리 196-2	108
106	경상남도	32	호계파크골프장	경상남도 창원시 마산회원구 내서읍 호계 본동로 59-1	18
107	경상남도	33	하동군파크골프장	경상남도 하동군진교면 구 고속도로 934	18
108	경상남도	34	섬진강피크닉광장 파크골프장	경상남도 하동군 고전면 전도리 882-3	18
109	경상남도	35	횡천파크골프장	경상남도 하동군 횡천면 횡천리 639-3	9
110	경상남도	36	함안샛담파크골프장	경상남도 함안군 함안면 샛담길35-15	18
111	경상남도	37	함안파크골프장	경상남도 함안군 법수면 법정로200-39	18
112	경상남도	38	칠서강나루파크골프장	경상남도 함안군 칠서면 이룡리998	12

연번	지역	지역번호	파크골프장명	주소	홀수
113	경상남도	39	군북파크골프장	경상남도 함안군 군북면 함안산단7길70	18
114	경상남도	40	함양파크골프장	경상남도 함양군 함양읍 하림강변길 131 하림공원 내	18
115	경상남도	41	용주파크골프장	경상남도 합천군 용주면 성산리 1085-1	18
116	경상남도	42	합천군파크골프장	경상남도 합천군 합천읍 합천리 20번지	36
117	경상남도	43	율곡파크골프장	경상남도 합천군 율곡면 영전리786-1	18
118	경상남도	44	쌍백파크골프장	경상남도 합천군 쌍백면 중앙로63	9
119	경상남도	45	봉산파크골프장	경상남도 합천군 봉산면 서부로 4344-11	9
120	경상남도	46	창녕유어파크골프장	경상남도 창녕군 유어면 미구리 588	18
121	경상남도	47	이방파크골프장	경상남도 창녕군 이방면 장천리 950	15
122	경상남도	48	도천파크골프장	경상남도 창녕군 도천면 도천리 770	18
123	경상남도	49	남해파크골프장	경상남도 남해군 서면 스포츠파크길 15 남해스포츠파크 내	18
124	경상남도	50	덕산파크골프장	경상남도 산청군 시천면 사리 900-48	18
125	경상남도	51	생비량파크골프장	경상남도 산청군 생비량면 가계리 939-2 생활체육공원내	9
126	경상남도	52	묵곡파크골프장	경상남도 산청군 단성면 성철로 93번길(겁외사옆)	18
127	경상남도	53	산청파크골프장	경상남도 산청군 산청읍 모고리 산청교 옆	9
128	경상남도	54	신안파크골프장	경상남도 산청군 신안면 중촌갈전로 228-35	18
129	경상남도	55	거제파크골프장	경상남도 거제시 거제면 스포츠파크내	27
130	경상남도	56	우주항공파크골프장	경상남도 사천시 정동면 예수리 420	9
131	경상북도	1	경산파크골프장	경상북도 경산시 강변동로 369	18
132	경상북도	2	하양파크골프장	경상북도 경산시 하양읍 동서리172-4	18
133	경상북도	3	알천파크골프장	경상북도 경주시 구황동 7-1번지	18
134	경상북도	4	경주파크골프장	경상북도 경주시 석장동1169-1	18
135	경상북도	5	다산파크골프장	경상북도 고령군 다산면 호촌리 30	27
136	경상북도	6	대가야파크골프장	경상북도 고령군 대가야읍 장기리 121	36
137	경상북도	7	해평파크골프장	경상북도 구미시 해평면 낙산리1095-34 (협회미가입)	18
138	경상북도	8	고아파크골프장	경상북도 구미시 고아읍 예강리 695-1	36
139	경상북도	9	선산파크골프장	경상북도 구미시 선산읍 원리1057-26	36
140	경상북도	10	도개파크골프장	경상북도 구미시 도개면 궁기리 829-1	36
141	경상북도	11	어울림파크골프장	경상북도 구미시 신평동 구미시 산업로193-105	18
142	경상북도	12	양포파크구미교육원	경상북도 구미시 거양길 280(양호동 607-2)	18
143	경상북도	13	구미파크골프장	경상북도 구미시 낙동제방길 200 낙동강체육공원 내	54
144	경상북도	14	동락파크골프장	경상북도 구미시 진평동 880	36
145	경상북도	15	고로파크골프장	경상북도 군위군 삼국유사면 석산리 560	18
146	경상북도	16	군위파크골프장	경상북도 군위군 군위읍 내량길 28-60	18
147	경상북도	17	효령파크골프장	경상북도 군위군 효령면 장기리 116	9
148	경상북도	18	김천파크골프장	경상북도 김천시 모암동 30	9

연번	지역	지역번호	파크골프장명	주소	홀수
149	경상북도	19	문경파크골프장	경상북도 문경시 창리강길45	45
150	경상북도	20	벽진면파크골프장	경상북도 성주군 벽진면 체육공원	9
151	경상북도	21	봉화파크골프장	경상북도 봉화군 봉화읍 내성리 내성천 둔치	18
152	경상북도	22	상주파크골프장	경상북도 상주시 병성천2길44	27
153	경상북도	23	선남면파크골프장	경상북도 경북 성주군 선남면 관화리 714 체육공원 내	18
154	경상북도	24	성주읍파크골프장	경상북도 성주군 성주읍 경산리 성밖숲 건너편	9
155	경상북도	25	강남파크골프장	경상북도 안동시 정상동 779	36
156	경상북도	26	병곡파크골프장	경상북도 영덕군 병곡면 송천리 434-1	36
157	경상북도	27	영해파크골프장	경상북도 영덕군 영해면 성내리130 영해생활체육공원내	9
158	경상북도	28	영양군파크골프장	경상북도 영양군 영양읍 삼지리 200삼지수변공원 내	18
159	경상북도	29	영주파크골프장(1구장)	경상북도 영주시 가흥동 1382 영주교 밑	36
160	경상북도	30	영주파크골프장(2구장)	경상북도 영주시 가흥동 46 가흥 제1교 밑	18
161	경상북도	31	풍기파크골프장	경상북도 영주시 풍기읍 창락리 303-1 남원천변	18
162	경상북도	32	오수파크골프장	경상북도 영천시 오수5길 75	36
163	경상북도	33	영천조교파크골프장	경상북도 영천시 조교동 51-1	36
164	경상북도	34	예천파크골프장	경상북도 예천군 예천읍 서본리124	36
165	경상북도	35	청도파크골프장	경상북도 청도군 청도읍 월곡2길 15	18
166	경상북도	36	청송파크골프장	경상북도 청송군 청송읍 송생리 784-1	18
167	경상북도	37	석적파크골프장	경상북도 칠곡군 석적읍 남율리 403	36
168	경상북도	38	덕산파크골프장	경상북도 칠곡군 약목면 덕산리 348-7	9
169	경상북도	39	왜관파크골프장	경상북도 칠곡군 왜관읍 왜관리 1282	18
170	경상북도	40	형산파크골프장	경상북도 포항시 남구 해도동 119-1 형산둔치 형산강변체육공원 내	36
171	경상북도	41	형산장애인전용파크골프장	경상북도 포항시 남구 형산강북로 371	18
172	경상북도	42	지곡파크골프장	경상북도 포항시 남구 효곡동	9
173	경상북도	43	곡강천파크골프장	경상북도 포항시 북구 흥해읍 용전리965	36
174	경상북도	44	의성군파크골프장	경상북도 의성군 비안면 이두리 이두교	36
175	경상북도	45	성조천파크골프장	경상북도 의성군 의성읍 북원3길35	9
176	경상북도	46	금성파크골프장	경상북도 의성군 금성면 탑운길99	9
177	경상북도	47	비안파크골프장	경상북도 의성군 비안면 이두리 이두교	18
178	경상북도	48	서의성파크골프장	경상북도 의성군 안계면 서보안계로1907	27
179	경상북도	49	다인문암파크골프장	경상북도 의성군 다인면 삼분2길259	9
180	경상북도	50	단북파크골프장	경상북도 의성군 단북면 당북다인로168	9
181	경상북도	51	금소파크골프장	경상북도 안동시 임하면 금소리 생태공원	18
182	경상북도	52	용상파크골프장	경상북도 안동시 용상동 구 안동병원앞	9
183	경상북도	53	철우파크골프장	경상북도 안동시 운흥동 구 안동역내	9
184	경상북도	54	하리파크골프장	경상북도 안동시 송천동 하리체육공원	18
185	경상북도	55	울진파크골프장	경상북도 울진군 근남면 수산리 337-4	36

연번	지역	지역번호	파크골프장명	주소	홀수
186	경상북도	56	남울진파크골프장	경상북도 울진군 평해읍 평해리 548-4	9
187	광주광역시	1	대상파크골프장	광주광역시 북구 월출동 968	9
188	광주광역시	2	효령파크골프장	광주광역시 북구 하서로 950	9
189	광주광역시	3	염주파크골프장	광주광역시 서구 금화로 278	9
190	광주광역시	4	광산구 서봉파크골프장	광주광역시 광산구 서봉동 205-6	36
191	광주광역시	5	첨단체육공원 파크골프장	광주광역시 광산구 쌍암동 695-3 첨단생활체육공원 내	9
192	광주광역시	6	덕흥파크골프장	광주광역시 서구 덕흥동 157	9
193	광주광역시	7	무등산파크골프장	광주광역시 동구 남문로 418-13	9
194	광주광역시	8	승촌파크골프장	광주광역시 남구 승촌동 588-47번지 승촌공원 내	18
195	대구광역시	1	동구 봉무동파크골프장	대구광역시 동구 봉무동 1097-5 빗물펌프장(금호강변) 인근	36
196	대구광역시	2	동구숙천파크골프장	대구광역시 동구 숙천동 212-2	9
197	대구광역시	3	불로파크골프장	대구광역시 동구 불로동 866-2	27
198	대구광역시	4	비산파크골프장A-B	대구광역시 서구 비산동 2127(매천대교 밑)	18
199	대구광역시	5	비산파크골프장C-D	대구광역시 서구 비산동 2127(매천대교 밑)	18
200	대구광역시	6	남구파크골프장	대구광역시 남구 봉덕동 산128-1	9
201	대구광역시	7	강변파크골프장	대구광역시 북구 서변동 1506 강변축구장 옆	45
202	대구광역시	8	무태파크골프장	대구광역시 북구 서변동 산격대교 밑	18
203	대구광역시	9	북구 검단파크골프장	대구광역시 북구 검단동 276	27
204	대구광역시	10	수성파크골프장	대구광역시 수성구 고모동 6-2	27
205	대구광역시	11	수성팔현파크골프장	대구광역시 수성구 고모동 20-3 수성패미리파크	27
206	대구광역시	12	수림지파크골프장	대구광역시 달서구 대천동699	18
207	대구광역시	13	달서 강창파크골프장	대구광역시 달서구 파호동 401-2	18
208	대구광역시	14	다사파크골프장	대구광역시 달성군 다사읍 매곡리 344-3 금호강변 세천교 밑	36
209	대구광역시	15	진천파크골프장	대구광역시 달성군 화원읍 구라리 188-1	18
210	대구광역시	16	서재파크골프장	대구광역시 달성군 다사읍 다사로 822 방천리 환경자원사업소	18
211	대구광역시	17	테크노폴리스파크골프장	대구광역시 달성군 유가면 봉리 624 테크노폴리스중앙공원 내	18
212	대구광역시	18	가창파크골프장	대구광역시 달성군 가창면 대일리 342 가창체육공원 대일교차로	9
213	대구광역시	19	강창파크골프장	대구광역시 달성군 다사읍 매곡리 91	18
214	대구광역시	20	세천공단파크골프장	대구광역시 달성군 다사읍 세천리1691	9
215	대구광역시	21	하빈파크골프장	대구광역시 달성군 하빈면 봉촌리 1200-3	27
216	대구광역시	22	달성보파크골프장	대구광역시 달성군 논공읍 남리 1 (달성보 하류)	18
217	대구광역시	23	원오교파크골프장	대구광역시 달성군 현풍면 원교리 863 원오교	18
218	대구광역시	24	화원 진천파크골프장	대구광역시 화원읍 구라리 1400번지 일원	18
219	대구광역시	25	구지1호근린공원 파크골프장	대구광역시 달성군 구지면 내리 840 산업단지1호근린공원	18
220	대구광역시	26	과학관공원 파크골프장	대구광역시 달성군 유가읍 상리 916-1	9

연번	지역	지역번호	파크골프장명	주소	홀수
221	대구광역시	27	유가한정파크골프장	대구광역시 달성군 유가읍 한정리 596-1 (차천변)	9
222	대구광역시	28	논공 위천파크골프장	대구광역시 달성군 논공읍 위천리 646	18
223	대전광역시	1	유성구 갑천파크골프장	대전광역시 유성구 탑립동 211-2	36
224	대전광역시	2	을미기파크골프장	대전광역시 대덕구 대덕대로1448번길 120 을미기공원 내	18
225	대전광역시	3	버드내-태평파크골프장	대전광역시 중구 태평동515-2(가장교-태평교)	9
226	대전광역시	4	유등파크골프장	대전광역시 서구 만년동 424	18
227	부산광역시	1	삼락다이나믹파크골프장	부산광역시 사상구 삼락동 431-752번지	36
228	부산광역시	2	삼락18파크골프장	부산광역시 사상구 삼락동658-1	9
229	부산광역시	3	화명파크골프장	부산광역시 북구화명동1718-11	18
230	부산광역시	4	대저생태공원파크골프장	부산광역시 강서구	18
231	부산광역시	5	대저생태공원파크골프장	부산광역시 강서구	27
232	부산광역시	6	기장파크골프장	부산광역시 기장군 정관읍 모전리677 물빛공원내	6
233	부산광역시	7	대저수문공원파크	부산광역시 강서구 대저동	9
234	부산광역시	8	사암파크골프장	부산광역시 강서구 신호공단	9
235	부산광역시	9	화명파크골프장	부산광역시 북구	27
236	부산광역시	10	삼락9&9파크골프장	부산광역시 사상구 삼락동658-1	18
237	부산광역시	11	장림파크골프장	부산광역시 사하구	9
238	서울특별시	1	중랑천 파크골프장	서울특별시 노원구 월계동 230-10 중랑천변	9
239	서울특별시	2	서남물재생센터공원 파크골프장	서울특별시 강서구 양천로 201 서남물재생센터	9
240	서울특별시	3	한강파크골프장	서울특별시 영등포구 여의도동 86	9
241	서울특별시	4	잠실파크골프장	서울특별시 송파구 올림픽로 25 잠실종합운동장 내	9
242	서울특별시	5	월드컵파크골프장	서울특별시 마포구 하늘공원로 86	18
243	서울특별시	6	안양천파크골프장	서울특별시 양천구 안양천로 1138	18
244	서울특별시	7	구로 안양천 9홀 파크골프장	서울특별시 구로구 신도림동 271-84 도림천역 부근	9
245	서울특별시	8	구로 안양천 18홀 파크골프장	서울특별시 구로구 구로동 642 교척교 하단 우측	18
246	서울특별시	9	강동파크골프장	서울특별시 강동구 천호동 481-6 한강고수부지, 광진교	9
247	서울특별시	10	금천구 한내천파크골프장	서울특별시 금천구 가산동 557-2	18
248	서울특별시	11	양평누리파크골프장	서울특별시 영등포구 양화동 4-1	18
249	세종특별자치	1	오가낭파크골프장	세종특별자치시 한누리대로651	9
250	세종특별자치	2	한솔파크골프장	세종특별자치시 가람동 765	9

연번	지역	지역번호	파크골프장명	주소	홀수
251	세종특별자치	3	조천파크골프장	세종특별자치시 조치원읍 새내22길(서창천교 옆)	9
252	세종특별자치	4	부강파크골프장	세종특별자치시 부강면 금호리 82 부강생활체육공원내	16
253	세종특별자치	5	중앙공원파크골프장	세종특별자치시 연기면 세종동 1204	9
254	울산광역시	1	동천 파크골프장	울산광역시 중구 남외동 692-6	27
255	울산광역시	2	진장 파크골프장	울산광역시 북구 진장동 400	18
256	울산광역시	3	동구 파크골프장	울산광역시 동구 미포산업로 188	18
257	울산광역시	4	쇠평파크골프장	울산광역시 동구 남목3동 산153	18
258	울산광역시	5	남구 태화강 파크골프장	울산광역시 남구 신정동 391	36
259	울산광역시	6	남구 대공원 파크골프장	울산광역시 남구 옥동 산138 울산대공원 내	18
260	울산광역시	7	울주군 청량 파크골프장	울산광역시 울주군 청량읍 덕하리 979-63	18
261	울산광역시	8	울주군 범서 파크골프장	울산광역시 울주군 범서읍 천상리 1041-77번지	18
262	인천광역시	1	장수파크골프장	인천광역시 남동구 만수동 668	18
263	인천광역시	2	영종파크골프장	인천광역시 중구 중산동 1878-2	9
264	인천광역시	3	선학파크골프장	인천광역시 연수구 경원대로 526	9
265	인천광역시	4	공촌유수지파크골프장	인천광역시 서구 첨단서로 130 공촌유수지체육시설	18
266	인천광역시	5	인천송도파크골프장	인천광역시 연수구 송도동 1번지 달빛공원 내	18
267	전라남도	1	부주산국제파크골프장	전라남도 목포시 부주로 159	27
268	전라남도	2	삼학도파크골프장	전라남도 목포시 산정동 삼하도	9
269	전라남도	3	서해파크골프장	전라남도 목포시 연산동	9
270	전라남도	4	상동파크골프장	전라남도 목포시 상동 연동건널목 석현동 사거리	9
271	전라남도	5	남해파크골프장	전라남도 목포시 연산동 864	9
272	전라남도	6	실내체육관파크골프장	전라남도 목포시 상동 349-1	9
273	전라남도	7	북항파크골프장	전라남도 목포시 북항 하수종말처리장	9
274	전라남도	8	서면파크골프장	전라남도 순천시 서면 강청리 828	9
275	전라남도	9	혁신도시파크골프장	전라남도 나주시 빛가람동 4-346	9
276	전라남도	10	영산포체육공원 파크골프장	전라남도 나주시 삼영동 131-1	18
277	전라남도	11	송월동파크골프장	전라남도 나주시 성북동 100	9
278	전라남도	12	광양시파크골프장	전라남도 광양시 강변동길 216	18
279	전라남도	13	담양제1파크골프장	전라남도 담양군 담양읍 양각샛길 207	36
280	전라남도	14	담양제2파크골프장	전라남도 담양군 담양읍 양각리 348	18
281	전라남도	15	곡성동악파크골프장	전라남도 곡성군 죽동리 체육공원내	18
282	전라남도	16	오곡파크골프장	전라남도 곡성군 오곡천변내	9
283	전라남도	17	구례군파크골프장	전라남도 구례군 서시천로 106	9
284	전라남도	18	보성미니파크골프장	전라남도 보성군 보성읍 용문길 36-16	9
285	전라남도	19	복내파크골프장	전라남도 보성군 복내리 536-16	18
286	전라남도	20	장흥파크골프장	전라남도 장흥군 관산읍 옥당리 535-16	9

연번	지역	지역번호	파크골프장명	주소	홀수
287	전라남도	21	산이파크골프장	전라남도 해남군 산이면 초두길 10-14	18
288	전라남도	22	해남파크골프장	전라남도 해남군 삼산면 봉학리 154-7	18
289	전라남도	23	영암파크골프장	전라남도 영암군 영암읍 영운재로 272	18
290	전라남도	24	시종마한파크골프장	전라남도 영암군 시종면 남해당로 65	18
291	전라남도	25	삼호대불파크골프장	전라남도 영암군 삼호읍 종합공원길 11	36
292	전라남도	26	무안파크골프장	전라남도 무안군 무안읍 성동리 1086-3	18
293	전라남도	27	남악파크골프장	전라남도 무안군 심향읍 남악리 2597	18
294	전라남도	28	함평군파크골프장	전라남도 함평군 함평읍 곤재로 83	36
295	전라남도	29	한빛원자력파크골프장	전라남도 영광군 홍농읍 성산리 494	36
296	전라남도	30	불갑파크골프장	전라남도 영광군 불갑면 방마리	18
297	전라남도	31	장성군 A파크골프장	전라남도 장성군 황룡면 월평리 590-1	9
298	전라남도	32	장성군 B파크골프장	전라남도 장성군 황룡면 신호리 53-1	9
299	전라남도	33	고금파크골프장	전라남도 완도군 고금면 농산리 759-1	9
300	전라남도	34	운림삼별초파크골프장	전라남도 진도군 의신면 사천길 15-21	18
301	전라북도	1	마전교파크골프장	전라북도 전주시 완산구 서신동 738-7	18
302	전라북도	2	온고을파크골프장	전라북도 전주시 덕진구 화전동 969-6 만경강하천	18
303	전라북도	3	군산파크골프장	전라북도 군산시 수송동 851	18
304	전라북도	4	익산파크골프장	전라북도 익산시 오산면 목천리 967-1	9
305	전라북도	5	생강골파크골프장	전라북도 완주군 봉동읍 낙평리 795	27
306	전라북도	6	둔산파크골프장	전라북도 완주군 봉동읍 둔산리 881	18
307	전라북도	7	상관파크골프장	전라북도 완주군 상관면 신리 916	18
308	전라북도	8	이서파크골프장	전라북도 완주군 이서면 용서리 777-2 지사울공원	9
309	전라북도	9	비봉파크골프장	전라북도 완주군 비봉면 소농리454 비봉면체육공원 내	9
310	전라북도	10	고산파크골프장	전라북도 완주군 고산면 읍내리 902 고산체육공원 내	9
311	전라북도	11	줄포파크골프장	전라북도 부안군 줄포면 생태공원로 170 부안자연생태공원 내	18
312	전라북도	12	진안파크골프장	전라북도 진안군 진안읍 운산리 76	18
313	전라북도	13	임실파크골프장	전라북도 임실군 오수면 충효로 2096-16 의견공원 내	9
314	전라북도	14	임실파크골프장	전라북도 임실군 오수면 오수리 3	27
315	전라북도	15	고창파크골프장	전라북도 고창군 고창읍 월암리 407-2고창스포츠타운내	18
316	전라북도	16	청하파크골프장	전라북도 김제시 청하면 강변로151 근처	18
317	전라북도	17	무주파크골프장	전라북도 무주군 설천면 상평지길 20 무주복지공원 내	6
318	전라북도	18	비비정파크골프장	전라북도 완주군 삼례읍 후정리142-1 비비정공원 내	18
319	전라북도	19	신태인파크골프장	전라북도 정읍시 신태인읍 신용리 881	27
320	전라북도	20	순창군파크골프장	전라북도 순창군 유등면 왜이리 555-2	9

연번	지역	지역번호	파크골프장명	주소	홀수
321	전라북도	21	남원파크골프장	전라북도 남원시 춘향골 체육공원내	18
322	제주특별자치도	1	회천파크골프장	제주특별자치도 제주시 와흘전1길 32 제주시생활체육공원 내	18
323	제주특별자치도	2	렛츠런파크골프장	제주특별자치도 제주시 애월읍 유수암리 1206	18
324	제주특별자치도	3	강창학파크골프장	제주특별자치도 서귀포시 강정동 1353	18
325	제주특별자치도	4	칠십리파크골프장	제주특별자치도 서귀포시 서홍동 663-2	18
326	제주특별자치도	5	월라봉파크골프장	제주특별자치도 서귀포시 신효동 1188-5	9
327	제주특별자치도	6	수망리파크골프장	제주특별자치도 서귀포시 남원읍 수망리 산 158-1	18
328	충청남도	1	홍성군파크골프장	충청남도 홍성군 홍성읍 충서로1707번길 150	18
329	충청남도	2	천안도솔파크골프장	충청남도 천안시 동남구 천안대로 844 도솔광장 내	18
330	충청남도	3	천안한들파크골프장	충청남도 천안시 서북구 음봉로 861-50	9
331	충청남도	4	천안풍세파크골프장	충청남도 천안시 동남구 풍세면 용정리 971 풍세산단 공원 내	9
332	충청남도	5	서천군노인복지관 파크골프장	충청남도 서천군 종천면 충서로302번길 88-26	18
333	충청남도	6	무한천파크골프장	충청남도 예산군 예산읍 주교리 460	36
334	충청남도	7	부여파크골프장	충청남도 부여군 부여읍 군수리 268-3	36
335	충청남도	8	계룡시파크골프장	충청남도 계룡시 신도안면 정장리 6	18
336	충청남도	9	당진해나루파크골프장	충청남도 당진시 석문면 통정리 1349	36
337	충청남도	10	곰나루파크골프장	충청남도 공주시 웅진동 722	18
338	충청남도	11	서산시파크골프장	충청남도 서산시 양대동 753-4	36
339	충청남도	12	백세파크골프장	충청남도 청양군 청양읍 은천동길 16-6 백세공원 내	18
340	충청남도	13	금산군파크골프장	충청남도 금산군 제원면 수당리 986-1	18
341	충청남도	14	곡교천파크골프장	충청남도 아산시 권곡동 331-1	18
342	충청남도	15	둔포파크골프장	충청남도 아산시 둔포면 석곡리 1480	9
343	충청남도	16	이순신파크골프장	충청남도 아산시 염치읍 석정리 536-16	36
344	충청남도	17	도고파크골프장	충청남도 아산시 도고면 신언리 826	9
345	충청남도	18	태안파크골프장	충청남도 태안군 태안읍 기업도시로 443	18
346	충청남도	19	논산시파크골프장	충청남도 논산시 대교동 319-39번지	9
347	충청남도	20	서산나이스파크골프장	충청남도 서산시 음암면 바위백이길 12	18
348	충청북도	1	청주파크골프장	충청북도 청주시 흥덕구 미호로99	27
349	충청북도	2	청주장애인파크골프장	충청북도 청주시 흥덕구 미호로99	18
350	충청북도	3	청주오송파크골프장	충청북도 청주시 흥덕구 오송읍 오송생명2로 187 오송생명과학단지 내	9
351	충청북도	4	청주호미골파크골프장	충청북도 청주시 상당구 용정동 25	9
352	충청북도	5	충주호파크골프장	충청북도 충주시 목행동 749-3	36

연번	지역	지역번호	파크골프장명	주소	홀수
353	충청북도	6	충주단월파크골프장	충청북도 충주시 단월동 635-4	18
354	충청북도	7	증평파크골프장	충청북도 청주시 청원구 내수읍 세교리 433 환경개선사업소내	9
355	충청북도	8	수안보온천파크골프장	충청북도 충주시 수안보면 안보리 425-4 수안보생활체육공원 내	27
356	충청북도	9	대소원파크골프장	충청북도 충주시 대소원면 새터2길 29-15	18
357	충청북도	10	충주장애인파크골프장	충청북도 충주시 용관동 창현로1400	9
358	충청북도	11	음성생극파크골프장	충청북도 음성군 생극면 신양리793-2	18
359	충청북도	12	제천중전리파크골프장	충청북도 제천시 금성면 신담길 213	18
360	충청북도	13	단양파크골프장	충청북도 단양군 단양읍 별곡리 92 단양생태체육공원 내	18
361	충청북도	14	괴산파크골프장	충청북도 괴산군 괴산읍 임꺽정로222	18

전국 공인파크골프장

2023년 9월4일 현재 총24개 구장

인증번호	구장명	주소
제 001호(2019년)	동락파크골프장	경상북도 구미시 진평동 880번지
제 002호(2019년)	양평파크골프장	경기도 양평군 강상면 교평리 419번지
제 011호(2022년)	수성파크골프장	대구광역시 수성구 고모동 6-2번지
제 012호(2022년)	송백리어르신체육시설 파크골프장	경상남도 진주시 금산면 송백리 660-1번지
제 013호(2022년)	영천 조교파크골프장	경상북도 영천시 조교동 52-2번지
제 014호(2022년)	거창파크골프장	경상남도 거창군 거창읍 양평리 1126번지
제 015호(2022년)	함평파크골프장	전라남도 함평군 함평읍 곤재로 83
제 016호(2022년)	승촌파크골프장	광주광역시 남구 승촌동 588-35번지
제 017호(2022년)	이순신파크골프장	충청남도 아산시 염치읍 석정리 536-1번지 일원
제 018호(2022년)	곡교천파크골프장	충청남도 아산시 권곡동 312번지 일원
제 019호(2022년)	대가야파크골프장	경상북도 고령군 대가야 장기리 320-1번지
제 020호 (2023년)	광주 서봉파크골프장	광주광역시 광산구 서봉동 205-6번지
제 021호 (2023년)	예천한천파크골프장	경상북도 예천군 예천읍 왕신길 84-9
제 022호 (2023년)	구로 안양천파크골프장	서울특별시 구로구 고척동 60-1
제 023호 (2023년)	문경파크골프장	경상북도 문경시 흥덕동 729-1번지
제 024호 (2023년)	화천산천어파크골프장 (C,D코스)	강원도 화천군 하남면 춘화로 3061-17
제2020-01호	가평파크골프장	경기도 가평군 청평면 대성리 388-13
제2021-001호	인천송도파크골프장	인천광역시 연수구 송도동 1번지 [달빛공원]
제2021-002호	화천 산천어 파크골프장(A,B코스)	강원도 화천군 하남면 춘화로 3061-17
제2021-003호	한림 술뫼 파크골프장	경상남도 김해시 한림면 시산리 506번지 일원
제2021-004호	화천 생활체육공원 파크골프장	강원도 화천군 하남면 용암리 1115
제2021-005호	목행파크골프장	충청북도 충주시 목행동 749-6번지
제2022-001호	연천파크골프장	경기도 연천군 군남면 진상리 610번지
제2022-002호	여주파크골프장	경기도 여주시 강변북로 241

참고문헌

- 대한파크골프 칠곡군파크골프협회 교육위원회(2022). Park GOLF 길잡이.
- 오주훈(2013). 운동과 건강. 에듀컨텐츠 · 휴피아.
- 오주훈(2017). 스포츠심리학의 이해. 에듀컨텐츠 · 휴피아.
- 대한파크골프협회 편집부(2021). 대한파크골프 표준교재. 대한파크골프협회.
- 이용훈(2013). 초보골프교실. 골프아카데미.
- 천성희(2023). 파크골프 원론. 온북스.
- 정철호(2023). 쉽게 배우는 파크골프 이론과 실기. 탑파크골프.
- 김대광 · 박래후(2023). 기초부터 실전까지 파크골프 잘 치는 법. 파크골프.

<저자 프로필>

백석기

(경찰학박사)

- 대구대학교 지역사회개발학과 졸업(행정학사)
- 영남대학교 경영대학원 계획학과(행정학 석사)
- 계명대학교 대학원 경찰행정전공(경찰학 박사)
- 현) 경북과학대학교 관광레저과 학과장
- 현) 경북과학대학교 드론교육원 원장
- 현) 경북과학대학교 평생교육원 부원장
- 현) 칠곡군 지역사회보장협의체 위원
- 현) 경상북도 정책자문위원회 위원
- 현) 칠곡경찰서 집회시위자문위원회 위원
- 현) 대한학교폭력예방학회 회장
- 전) 경상북도 선거구획정위원회 위원장
- 전) 경북과학대학교 기획조정처장
- 전) 사)대한지방자치학회 회장
- 전) 한국치안행정학회 부회장 외
- 현) 파크골프지도사

저서

새 경찰학개론. 우공출판사 2013.
자동차 틴팅(선팅)규제의 효율적 방안 모색. 중문출판사. 2013. 외 다수
평생교육경영론. 2025. 동문사

대표논문

- 경찰의 멘토링이 조직유효성에 미치는 영향에 관한 연구
- 멘토역할과 팔로우십의 조절효과를 중심으로-
- 재난분야의 드론의 활용방안에 관한연구
- 학교폭력의 원인과 대책에 관한 연구
- 청소년의 가정폭력경험이 학교폭력에 미치는 영향에 대한 적응 유연성의 조절효과
- 한국 정보경찰의 문제점과 개선 방안에 대한 연구
- 여성 수용자 처우의 문제점과 개선 방안: 가족관계 증진 방안을 중심으로
- 대규모 시민참여 행사 안전관리 시스템 구축 방안
- 경비지도사 자격제도의 문제점과 개선 방안
- 아동성폭력 예방을 위한 아동안전지킴이집 제도의 개선 방안
- 토지보상법상 재결의 신청권에 관한 고찰 : 지방토지수용위원회의 재결신청을 기본으로 외 다수

파워 파크골프

- 파크골프의 입문에서 실전까지 완벽 가이드 -

백석기 저

2025년 1월 29일 초판 인쇄
2025년 2월 4일 초판 발행

발행인 박 진 영

발행처 도서출판 진영사
인천광역시 부평구 주부토로 236 인천테크노밸리 U1 지식산업센터 B동 1507호
전화 : 032)505-4207
팩스 : 032)505-4206
E-mail : 0183734207@hanmail.net
등록 : 제2007-000001호

ISBN 978-89-6541-689-0 (93690)
값 20,000원